プリント形式のリアル過去問で本番の臨場感！

福岡県

九州国際大学付属中学校

2025年春 受験用

解答集

本書は，実物をなるべくそのままに，プリント形式で年度ごとに収録しています。
問題用紙を教科別に分けて使うことができるので，本番さながらの演習ができます。

■ 収録内容

・解答集（この冊子です）

書籍ＩＤ番号，この問題集の使い方，最新年度実物データ，リアル過去問の活用，
解答例と解説，ご使用にあたってのお願い・ご注意，お問い合わせ

・2024（令和６）年度 ～ 2022（令和４）年度　学力検査問題

JN132419

○は収録あり	年度	'24	'23	'22		
■ 問題収録		○	○	○		
■ 解答用紙		○	○	○		
■ 配点						

算数に解説
があります

注）英語リスニングの原稿は収録していますが，音声は収録していません

☆問題文等の非掲載はありません

教英出版

■ 書籍ＩＤ番号

入試に役立つダウンロード付録や学校情報などを随時更新して掲載しています。
教英出版ウェブサイトの「ご購入者様のページ」画面で，書籍ＩＤ番号を入力してご利用ください。

書籍ＩＤ番号　118440

（有効期限：2025年9月30日まで）

【入試に役立つダウンロード付録】
「要点のまとめ(国語／算数)」
「課題作文演習」ほか

■ この問題集の使い方

年度ごとにプリント形式で収録しています。針を外して教科ごとに分けて使用します。①片側，②中央のどちらかでとじてありますので，下図を参考に，問題用紙と解答用紙に分けて準備をしましょう（解答用紙がない場合もあります）。

針を外すときは，けがをしないように十分注意してください。また，針を外すと紛失しやすくなりますので気をつけましょう。

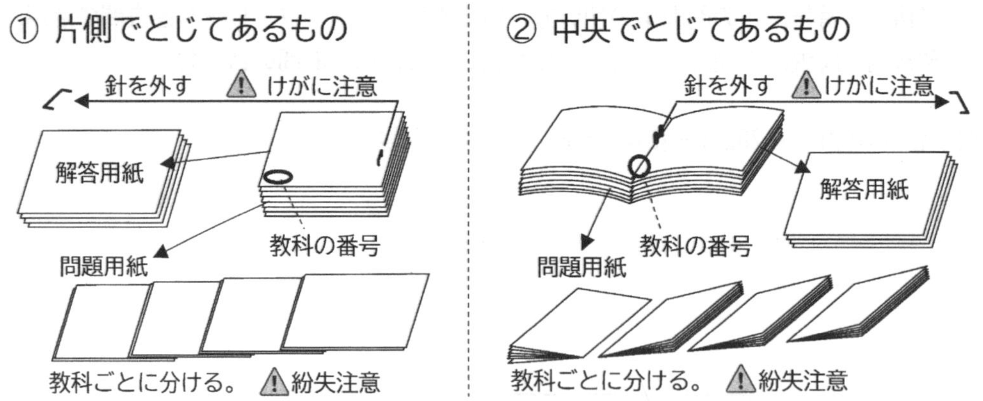

※教科数が上図と異なる場合があります。
解答用紙がない場合や，問題と一体になっている場合があります。
教科の番号は，教科ごとに分けるときの参考にしてください。

■ 最新年度 実物データ

実物をなるべくそのままに編集していますが，収録の都合上，実際の試験問題とは異なる場合があります。実物のサイズ，様式は右表で確認してください。

問題用紙	Ａ４冊子(二つ折り)
解答用紙	Ｂ４片面プリント

リアル過去問の活用

～リアル過去問なら入試本番で力を発揮することができる～

本番を体験しよう！

問題用紙の形式（縦向き / 横向き），問題の配置や余白など，実物に近い紙面構成なので本番の臨場感が味わえます。まずはパラパラとめくって眺めてみてください。「これが志望校の入試問題なんだ！」と思えば入試に向けて気持ちが高まることでしょう。

入試を知ろう！

同じ教科の過去数年分の問題紙面を並べて，見比べてみましょう。

① 問題の量

毎年同じ大問数か，年によって違うのか，また全体の問題量はどのくらいか知っておきましょう。どのくらいのスピードで解けば時間内に終わるのか，大問ひとつにかけられる時間を計算してみましょう。

② 出題分野

よく出題されている分野とそうでない分野を見つけましょう。同じような問題が過去にも出題されていることに気がつくはずです。

③ 出題順序

得意な分野が毎年同じ大問番号で出題されていると分かれば，本番で取りこぼさないように先回りして解答することができるでしょう。

④ 解答方法

記述式か選択式か（マークシートか），見ておきましょう。記述式なら，単位まで書く必要があるかどうか，文字数はどのくらいかなど，細かいところまでチェックしておきましょう。計算過程を書く必要があるかどうかも重要です。

⑤ 問題の難易度

必ず正解したい基本問題，条件や指示の読み間違いといったケアレスミスに気をつけたい問題，後回しにしたほうがいい問題などをチェックしておきましょう。

問題を解こう！

志望校の入試傾向をつかんだら，問題を何度も解いていきましょう。ほかにも問題文の独特な言いまわしや，その学校独自の答え方を発見できることもあるでしょう。オリンピックや環境問題など，話題になった出来事を毎年出題する学校だと分かれば，日頃のニュースの見かたも変わってきます。

こうして志望校の入試傾向を知り対策を立てることこそが，過去問を解く最大の理由なのです。

実力を知ろう！

過去問を解くにあたって，得点はそれほど重要ではありません。大切なのは，志望校の過去問演習を通して，苦手な教科，苦手な分野を知ることです。苦手な教科，分野が分かったら，教科書や参考書に戻って重点的に学習する時間をつくりましょう。今の自分の実力を知れば，入試本番までの勉強の道すじが見えてきます。

試験に慣れよう！

入試では時間配分も重要です。本番で時間が足りなくなってあわてないように，リアル過去問で実戦演習をして，時間配分や出題パターンに慣れておきましょう。教科ごとに気持ちを切り替える練習もしておきましょう。

心を整えよう！

入試は誰でも緊張するものです。入試前日になったら，演習をやり尽くしたリアル過去問の表紙を眺めてみましょう。問題の内容を見る必要はもうありません。どんな形式だったかな？受験番号や氏名はどこに書くのかな？…ほんの少し見ておくだけでも，志望校の入試に向けて心の準備が整うことでしょう。

そして入試本番では，見慣れた問題紙面が緊張した心を落ち着かせてくれるはずです。

※まれに入試形式を変更する学校もありますが，条件はほかの受験生も同じです。心を整えてあせらずに問題に取りかかりましょう。

2024 解答例 令和6年度　九州国際大学付属中学校

《国　語》

一　問一．ⓐ推測　ⓑ見当　ⓒ性質　ⓓ事態　ⓔ望　　問二．A．エ　B．ア　C．イ　　問三．相手の反応
問四．理解されて　　問五．イ　　問六．あ．表情や受け答え　い．理解されていない　　問七．ウ　　問八．ウ

二　問一．ⓐきわ　ⓑむごん　ⓒせい　ⓓきぬいと　ⓔおさ　　問二．①ア　⑥イ　⑦ウ　　問三．ウ
問四．A．エ　B．イ　C．ウ　　問五．1．食べた　2．セミの幼虫　　問六．あ．テレビを見たい
い．弱っていく祖母の姿　　問七．1．かなえてあげたい／かなえたい などから1つ
2．うしろめたい／もうしわけない などから1つ

三　問一．①山　②耳　③百　　問二．[⑴／⑵]　①[やおや／オ]　②[こくさい／ア]　③[みかた／ウ]
問三．[⑴／⑵]　①[イ／十二]　②[ア／八]　③[エ／九]　④[ウ／十]

《算　数》

1　⑴48　⑵$\frac{1}{4}$　⑶9　⑷27　⑸12　⑹28　⑺4　⑻28.26　⑼135　⑽15

2　⑴600　⑵68　⑶①$4 \times x + 200 = y$　②90　⑷8　⑸12
⑹①12　②右グラフ

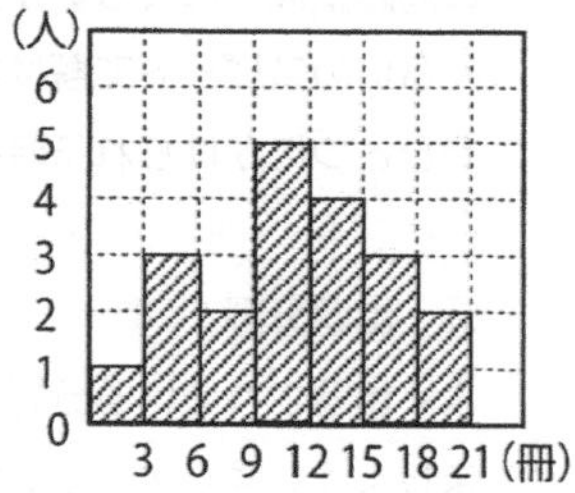

3　⑴3　⑵70.65　⑶94.2　⑷77.1

4　⑴18　⑵4　⑶411　⑷9

5　⑴0.6　⑵2　⑶午前10時22分　⑷8　⑸12

6　⑴72　⑵50.24

《英　語》

1　問1．⑴イ　⑵ウ　⑶イ　⑷ウ　　問2．⑴イ　⑵ア　⑶ア　⑷ウ　⑸イ　⑹イ

2　問1．flower　　問2．exciting

3　ウ→イ→エ

4　Aya…zoo　Kenji…restaurant

5　Wednesday

6　問1．①go　②watch　　問2．日曜日，火曜日，木曜日

《理　科》

1　問1．⑴ウ　⑵さなぎ　⑶①×　②○　③○　⑷皮をぬぐ　　問2．⑴エ　⑵厚みのあるものを立体的に観察するのによい　⑶受精　⑷ふくらんだ腹の中の養分を使って育つ

2　問1．⑴酸素…ウ　ちっ素…エ　二酸化炭素…エ　⑵酸素　　問2．①酸素　②二酸化炭素　　問3．イ

3　問1．⑴エ　⑵①変わる　②変わらない　　問2．⑴北極星　⑵①×　②○　③×

4　問1．⑴A，E　⑵A，D　⑶ふりこの長さ　⑷はかり方のわずかな違いで結果が同じにならないから
問2．カ

《社　会》

1　(A)問1．鹿児島　問2．松山　問3．ウ　問4．中京　記号…ア　問5．ウ

(B)問1．ア　問2．イ　問3．エ

2　問1．ウ　問2．イ　問3．大和政権〔別解〕大和朝廷　問4．十七条の憲法　問5．ア　問6．イ

問7．(1)ア　(2)イ　問8．エ　問9．(1)ア　(2)エ　(3)イ　問10．イ　問11．イ→ウ→エ→ア

3　(A)問1．国民主権　問2．ア　問3．イ

(B)問1．ア，エ　問2．参議院　理由…選挙が3年ごと行われているから。／3年ごとに半数を改選するから。

などから1つ

九州国際大学付属中学校

1 (1) 与式より，$□=30\div\frac{5}{6}\div\frac{3}{4}=30\times\frac{6}{5}\times\frac{4}{3}=$**48**

(2) 与式より，$\frac{1}{3}-□=1\div12$　　$□=\frac{1}{3}-\frac{1}{12}=\frac{4}{12}-\frac{1}{12}=\frac{3}{12}=$**$\frac{1}{4}$**

(3) 与式より，７×(□÷３)＝21　　□÷３＝21÷７　　□＝３×３＝**9**

(4) 与式より，□＝９×15×12÷60＝**27**

(5) 与式より，８×□＝120－24　　□＝96÷８＝**12**

(6) 21：12＝７：４であり，49÷７＝７だから，21：12＝(７×７)：(４×７)＝**49：28**

(7) **【解き方】ひし形の面積は，２本の対角線の長さの積を２で割って求められることを利用する。**

２本の対角線の長さは13㎝と52×２÷13＝８(㎝)である。ひし形の対角線はそれぞれの真ん中の点で交わるから，㋐＝８÷２＝**4**(㎝)である。

(8) 色つき部分の面積は，半径４＋１＝５(㎝)の円の面積から，半径４㎝の円の面積を引いた値《あたい》に等しい。

よって，５×５×3.14－４×４×3.14＝(25－16)×3.14＝**28.26**(㎠)

(9) **【解き方】上底の長さが３㎝，下底の長さが６㎝，高さが６㎝の台形を底面とした四角柱の体積を求める。**

求める体積は，{(３＋６)×６÷２}×５＝**135**(㎤)

(10) **【解き方】右図のように，正三角形ＡＢＣの１辺の長さと，直角二等辺三角形ＡＣＤの直角をつくる２辺の長さはそれぞれ等しい。**

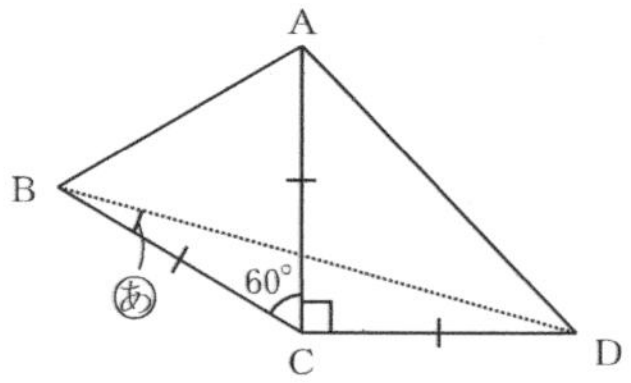

角ＢＣＤ＝60°＋90°＝150°であり，三角形ＢＣＤはＢＣ＝ＣＤの二等辺三角形だから，内角の和より，角㋐＝(180°－150°)÷２＝**15°**である。

2 (1) 求める代金は，750×(１－0.2)＝**600**(円)

(2) **【解き方】(平均点)×(人数)＝(合計点)となることを利用する。**

男子18人の合計点は63×18＝1134(点)であり，クラス全体の合計点は65×(18＋12)＝1950(点)である。よって，女子12人の合計点は1950－1134＝816(点)だから，女子の平均点は816÷12＝**68**(点)である。

(3)① えん筆４本の値段は(４×x)円だから，**４×x＋200＝y**となる。

② 代金が560円のとき，えん筆４本の値段は560－200＝360(円)だから，１本の値段は360÷４＝**90**(円)である。

(4) **【解き方】りんごを12個買ったとして，つるかめ算を利用する。**

りんごを12個買ったとすると，代金は150×12＝1800(円)となり，実際よりも1800－1240＝560(円)だけ高くなる。りんご１個をみかん１個に置きかえると，代金の合計は150－80＝70(円)だけ安くなるから，買ったみかんの個数は560÷70＝**8**(個)である。

(5) **【解き方】０は百の位の数にはならないから，１，２，３それぞれが百の位の数になる場合について考える。**

百の位の数を１とすると，十の位の数の決め方は３通り，その３通りそれぞれに対して一の位の数の決め方は２通りあるから，百の位が１の数は全部で３×２＝６(個)つくることができ，同様に百の位が２の数，３の数も６個ずつつくれる。

百の位の数が１または２のとき，「100」はつくれないから，必ず100より大きく300より小さくなる。百の位の数が３のとき，必ず300より大きくなるので，条件に合う数はつくれない。よって，全部で６×２＝**12**(個)できる。

(6)① 最頻値は現れる回数が最も多い値だから，**12**冊である。

② 0冊以上2冊以下，3冊以上5冊以下，…のように柱状グラフの横軸の1マスは3冊区切りになっている。

3 ⑴ もとの円柱の底面の直径は6㎝だから，半径は6÷2＝**3**(㎝)である。

⑵ **【解き方】切断の前後で高さは変わらず5㎝だから，体積の比は底面積の比に等しいことを利用する。**

切断することによって，底面積は$\frac{1}{2}$倍になったから，体積も$\frac{1}{2}$倍になった。よって，この立体の体積は，

(3×3×3.14×5)×$\frac{1}{2}$＝**70.65**(㎤)

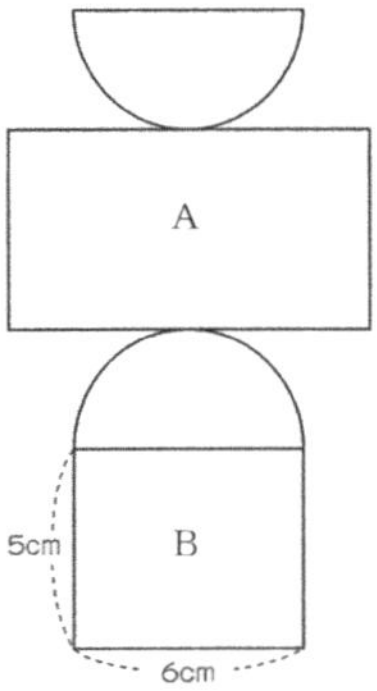

⑶ **【解き方】もとの円柱の展開図において，側面は長方形になる。**

もとの円柱の側面は，縦の長さが5㎝，横の長さが底面の円の円周の長さに等しく

(6×3.14)㎝だから，側面積は5×(6×3.14)＝**94.2**(㎠)である。

⑷ **【解き方】求める側面積は，右図の長方形Aと長方形Bの面積の和である。**

長方形Aは縦の長さが5㎝，横の長さが6×3.14÷2＝3×3.14(㎝)だから，面積は

5×(3×3.14)＝47.1(㎠)である。

長方形Bは縦の長さが5㎝，横の長さが6㎝だから，面積は5×6＝30(㎠)である。

よって，求める側面積は47.1＋30＝**77.1**(㎠)

4 ⑴ 7＋8＋3＝18より，783→**18**

⑵ **【解き方】㋑は2けたの整数だから，和が4になるような2つの整数の組を考える。**

和が4になるような2つの整数は，0と4，1と3，2と2だから，条件に合う2けたの整数は40，13，31，22

の**4**個である。

⑶ **【解き方】どの位の数も0でないときの百の位の数を考える。百の位の数は必ず6以下である。**

㋒の百の位の数が5または6のとき，いずれかの位に必ず0が現れるので，条件に合わない。

㋒の百の位の数が4のとき，十の位の数を1，一の位の数を1とすれば，どの位にも0はふくまれず，和が

4＋1＋1＝6になる。よって，㋒にあてはまる最大の数は**411**である。

⑷ **【解き方】⑵と「㋔はどの位の数も0はない」という条件より，㋔は13，22，31のいずれかの数である。**

㋓は3けたの整数であり，各位の数は最大で9だから，㋔は最大でも9＋9＋9＝27である。よって，㋔は13か

22のどちらかである。㋓の百の位の数は5であり，十の位の数をA，一の位の数をBとする。

㋔＝13のとき，A＋B＝13－5＝8となればよい。和が8になる2つの整数の組は，0をふくむものを除くと，

1と7，2と6，3と5，4と4だから，条件に合う2けたの整数は17，71，26，62，35，53，44の7個ある。

㋔＝22のとき，A＋B＝22－5＝17となればよい。和が17になる2つの整数の組は，0をふくむものを除くと，

8と9だけだから，条件に合う2けたの整数は89と98の2個ある。

以上より，㋓にあてはまる数は全部で7＋2＝**9**(個)考えられる。

5 ⑴ この電車は午前9時にA駅を出発し，午前9時30分にB駅に到着《とうちゃく》した。よって，午前9時30分－午前9時＝

30分間で18㎞移動しているから，この電車の速さは，18÷30＝0.6より，毎分**0.6**㎞である。

⑵ **【解き方】A駅からC駅まで停車せずに走ったときの時間を求める。**

A駅からC駅までの道のりは30㎞だから，この電車が停車せずに走ると30÷0.6＝50(分間)かかる。実際は

午前9時52分－午前9時＝52分間かかったので，B駅で停車していた時間は52－50＝**2**(分間)である。

⑶ この電車がC駅からB駅まで移動するのにかかる時間は(30－18)÷0.6＝20(分間)だから，㋐の時刻は

午前10時＋20分＋2分＝**午前10時22分**である。

⑷ ⑴より，B駅からA駅までは30分間かかるから，A駅に到着したのは午前10時22分＋30分＝午前10時52分

である。よって，A駅で停車した時間は，午前11時－午前10時52分＝**8**分間である。

⑸　**【解き方】この電車は午前9時にA駅を出発してから，1時間後の午前10時にC駅を出発し，さらに1時間後の午前11時にA駅を出発する。つまり，1時間ごとにA駅，C駅，A駅…と，出発する駅が交互《こうご》にかわる。**

時刻が偶数時ちょうどのとき，電車はC駅を出発するから，午後4時にC駅を出発した電車は，⑶より，22分後の午後4時22分にB駅を出発してA駅に向かう。よって，電車がB駅を出発するのは，

午後4時22分－午後4時10分＝**12**(分後)である。

6　⑴　長方形の周りの長さは，円の直径の長さが6つ分だから，(6×2)×6＝**72**(㎝)である。

⑵　**【解き方】アの位置では長方形の頂点の1つと重なっていたBは，イの位置まで右図の太線部のように移動する。**

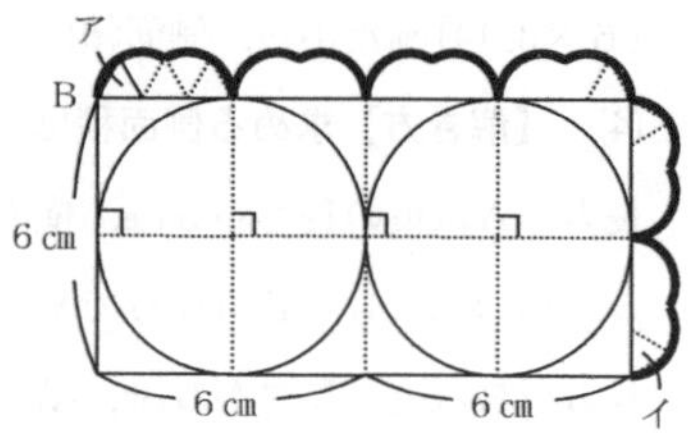

Bはアの位置で長方形の頂点の1つに重なった状態から，半径が2㎝，中心角が60°×2＝120°のおうぎ形の曲線部分を2回えがいて，長方形の辺上にもどることを，イの位置に移動するまでに6回くり返す。

したがって，Bが動いた長さは半径が2㎝，中心角が120°のおうぎ形の曲線部分の長さの2×6＝12(倍)だから，

$(2\times2\times3.14\times\frac{120°}{360°})\times12=$**50.24**(㎝)である。

2023 解答例 令和5年度　九州国際大学付属中学校

《国　語》

一　問一．ⓐ何気　ⓑ約束　ⓒ識別　ⓓ異　ⓔ解決　問二．A．ウ　B．イ　C．ア　D．エ　問三．昆虫を呼び寄せて花粉を運ばせる　問四．ア．気温が低い　イ．紫外線　問五．エ　問六．(1)飛ぶ力がそんなに強くない　(2)同じ花が集まって一面に咲く景色。　問七．ア

二　問一．ⓐくちょう　ⓑいごこち　ⓒしょうじき　ⓓおうふく　ⓔあんがい　問二．A．エ　B．イ　C．ウ　D．ア　問三．X．イ　Y．エ　問四．背が高くて　問五．みんなに優しくした方がここから早く出られる気がした　問六．ウ　問七．イ

三　問一．①ウ　②エ　③ア　問二．①十　②地　③不　問三．①ウ　②ア　③エ　④イ

《算　数》

1　(1)40　(2)$\frac{3}{8}$　(3)$\frac{1}{2}$　(4)28　(5)7　(6)45　(7)22.5　(8)75.36　(9)900　(10)30

2　(1)18　(2)320　(3)10，39　(4)15　(5)7　(6)①13　②右表

個数(個)	人数(人)
0以上～3未満	1
3～6	1
6～9	2
9～12	5
12～15	2
15～18	4
18～21	3
21～24	2
合計	20

3　(1)7　(2)11　(3)34，36，38

4　(1)128　(2)1　(3)64

5　(1)Aくん…80　Bくん…150　(2)9，28　(3)3　(4)9時30分，9時37分30秒

6　(1)32　(2)8　(3)2　(4)8.56

《英　語》

1　問1．(1)イ　(2)イ　(3)ア　(4)ウ　問2．(1)ウ　(2)イ　(3)イ　(4)ア　(5)ウ　(6)ア

2　問1．April　問2．nine

3　問1．museum　問2．sunny

4　問1．Monday　問2．Friday

5　①1ぴきの黒い　②新しい自転車

6　問1．go　問2．英語

《理　科》

1　問1．(1)エ　(2)ウ　(3)①光合成　②酸素　③呼吸　④酸素　⑤二酸化炭素　問2．(1)(あ)根　(い)くき　(う)葉　(え)蒸散　(お)気こう　(2)イ　(3)植物は水を根からとり入れるから，水は土にかけるといいよ。

2　問1．(1)①体積　②大きく　③小さく　(2)イ　問2．(1)0.055 cm　(2)ウ　(3)器具が熱くなりすぎるのを防ぐため。

3　問1．(1)(あ)イ　(い)ウ　(2)けずれ　(3)ア，オ　問2．(1)外　(2)川の外側の方が流れが速く，川岸がけずられるのを防ぐためのブロックが必要だから。

4　問1．(1)①まっすぐ　②反射させる　(2)イ　問2．(1)右図　(2)一点に集中するように集める。

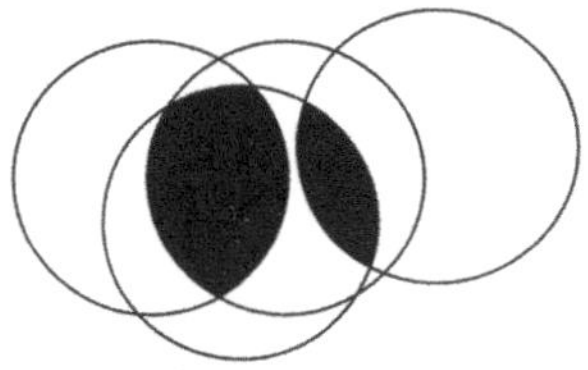

《社　会》

1 (A)問１．奈良　問２．仙台　問３．①　問４．山形　記号…イ　問５．エ

(B)問１．エ　問２．イ　問３．イ

2 問１．ア　問２．卑弥呼　問３．天皇を中心とした国づくりをするため。　問４．ウ　問５．イ

問６．ウ　問７．書院造　問８．鉄砲　問９．ア　問10．エ　問11．国際連盟　問12．ア

3 (A)問１．参議　問２．ア　問３．平和主義

(B)問１．ウ　問２．ウ，エ

1 (1) 与式より，$\square\times\frac{2}{5}\times\frac{3}{4}=12$　$\square\times\frac{3}{10}=12$　$\square=12\div\frac{3}{10}$　$\square=12\times\frac{10}{3}=\mathbf{40}$

(2) 与式より，$\frac{1}{2}-\square=1\div8$　$\square=\frac{1}{2}-\frac{1}{8}=\frac{4}{8}-\frac{1}{8}=\mathbf{\frac{3}{8}}$

(3) 与式より，$12\times\square=6$　$\square=6\div12=\mathbf{\frac{1}{2}}$

(4) 与式より，$14\times(12\times4)\times2=\square\times48$　$28\times48=\square\times48$　$\square=\mathbf{28}$

(5) 与式より，$5\times\square=60-25$　$\square=35\div5=\mathbf{7}$

(6) $12:18=6:9=(6\times5):(9\times5)=30:45$ より，$\square=\mathbf{45}$

(7) **【解き方】底辺が９cm，高さが３cmの三角形と底辺が９cm，高さが２cmの三角形に分けて，その面積の和を求める。**

求める面積は，$9\times3\times\frac{1}{2}+9\times2\times\frac{1}{2}=(3+2)\times9\times\frac{1}{2}=\mathbf{22.5}$(cm²)である。

(8) **【解き方】斜線《しゃせん》部分の面積は，半径８cmの半円の面積から，半径$8\div2=4$(cm)の半円の面積を引いた値《あたい》である。**

求める面積は，$8\times8\times3.14\times\frac{1}{2}-4\times4\times3.14\times\frac{1}{2}=(64-16)\times3.14\times\frac{1}{2}=24\times3.14=\mathbf{75.36}$(cm²)

(9) **【解き方】底面の２辺の長さが８cm，10cmで高さが15cmの直方体の体積から，底面の２辺の長さが５cm，$10-6=4$(cm)で高さが15cmの直方体の体積を引いて求める。**

求める体積は，$8\times10\times15-5\times4\times15=(80-20)\times15=\mathbf{900}$(cm³)

(10) **【解き方】正ｎ角形の１つの内角の大きさは，$\frac{180°\times(n-2)}{n}$で求めることができる。**

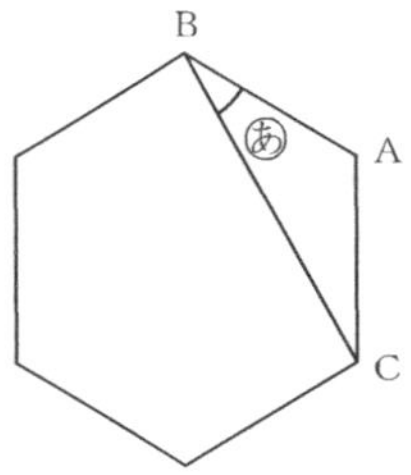

正六角形の１つの内角の大きさは，$\frac{180°\times(6-2)}{6}=120°$である。

右図の三角形ＡＢＣはＡＢ＝ＡＣの二等辺三角形なので，

角㋐＝$(180°-120°)\div2=\mathbf{30°}$である。

2 (1) **【解き方】(平均)×(日数)＝(合計)となることを利用する。**

１日に読んだページの平均が30ページだから，５日間で$30\times5=150$(ページ)読んだ。

よって，３日目に読んだページは，$150-(25+28+37+42)=\mathbf{18}$(ページ)である。

(2) ホットケーキ３枚を作るのに牛乳が120mL必要なので，ホットケーキを８枚作るのに必要な牛乳は，$120\times\frac{8}{3}=\mathbf{320}$(mL)である。

(3) **【解き方】小さな噴水は８分ごと，大きな噴水は12分ごとに水をふき上げるので，２つの噴水は同時に水をふき上げた時刻から，８と12の最小公倍数の24分ごとに同時に水をふき上げる。**

求める時刻は，11時３分－24分＝10時63分－24分＝**10時39分**である。

(4) １色目の決め方は６色から１色を決めるから６通りあり，２色目の決め方はその６通りそれぞれに対して，残りの５色から１色を決めるから５通りある。よって，色の決め方は$6\times5=30$(通り)あるが，この数え方だと，例えば赤と青，青と赤のような２色を入れかえた組み合わせを別の組み合わせとして数えていることになる。

よって，求める組み合わせは$30\div2=\mathbf{15}$(通り)である。

(5) **【解き方】つるかめ算を利用する。**

18人全員が子どもとしたときの合計金額は$240\times18=4320$(円)であり，実際より$6840-4320=2520$(円)安くなる。子ども１人を大人１人におきかえると，$600-240=360$(円)だけ合計金額が大きくなる。よって，大人の人数は

$2520\div 360=$ **7** (人)である。

⑹　**【解き方】6年1組が1か月に集めたペットボトルのキャップ数を大きさ順に並べると右表のようになる。**

ペットボトルのキャップの個数(個)									
2	5	7	7	9	10	10	10	11	13
13	16	16	16	16	18	19	19	21	23

①　$20\div 2=10$ より，中央値は大きさ順に10人目と11人目の集めた個数の平均だから，**13** 個である。

②　表からそれぞれの個数を集めた人数を考える。以上はその値もふくみ，未満はその値はふくまないことに気をつける。

3　⑴　$22-3=19$，$19\div 3=6$ 余り1より，得点は $6+1=$ **7** (点)である。

⑵　カードに書かれている数の差が29のとき，大きい方の数から小さい方の数を引いた値が29である。よって，$29\div 3=9$ 余り2より，得点は $9+2=$ **11** (点)である。

⑶　**【解き方】3で割った余りは0，1，2のいずれかである。よって，得点が10点のとき，3で割った商は10，$10-1=9$，$10-2=8$ のいずれかである。**

商が10，余りが0のとき，大きい方の数は $3\times 10+8=38$

商が9，余りが1のとき，大きい方の数は $3\times 9+1+8=36$

商が8，余りが2のとき，大きい方の数は $3\times 8+2+8=34$

よって，求める数は **34，36，38** である。

4　⑴　**【解き方】直方体の側面積は，(底面の周りの長さ)×(直方体の高さ)で求める。**

求める表面積は，$4\times 4\times 2+4\times 4\times 6=$ **128** (㎠)

⑵　**【解き方】切り取る前のもとの立体を縦4㎝，横4㎝，高さ6㎝の直方体とすると，切り取った後の立体の縦と高さは変わらない。よって，横の長さが75%になったと考える。**

㋐の長さは4㎝の $100-75=25$ (%)だから，$4\times 0.25=$ **1** (㎝)である。

⑶　**【解き方】表面積が大きい方の立体の表面積は，もとの立体の表面積から1辺2㎝の正方形の面積2つ分を引いた値になる。**

表面積が大きい方の立体の表面積は，$128-2\times 2\times 2=120$ (㎠)

表面積が小さい方の立体の表面積は，$2\times 6\times 4+2\times 2\times 2=56$ (㎠)

よって，求める表面積の差は $120-56=$ **64** (㎠)である。

5　⑴　Aくんは10時15分－9時＝1時間15分＝75分で $600\times 10=6000$ (m)歩いたので，$6000\div 75=80$ より，Aくんの速さは毎分 **80** mである。Bくんは9時50分－9時－10分＝40分で6000m走ったので，$6000\div 40=150$ より，Bくんの速さは毎分 **150** mである。

⑵　Bくんが4200m走るのにかかる時間は $4200\div 150=28$ (分)だから，求める時刻は9時＋28分＝ **9時28分** である。

⑶　**【解き方】AくんとBくんの間の道のりは1分間に $150-80=70$ (m)の差がつく。2人の間の道のりが600mの倍数になるとき，BくんがAくんを追い抜く。**

Bくんが休けいをとるまでの28分間で2人の間の道のりは $70\times 28=1960$ (m)だけ差がつく。よって，$1960\div 600=3$ 余り160より，BくんがAくんを追い抜いた回数は **3** 回である。

⑷　**【解き方】⑶の解説をふまえる。9時28分の2人の間の道のりは160mである。Aくんは10分間で $80\times 10=800$ (m)歩くから，$800-160=640$ (m)，$640\div 600=1$ 余り40より，Bくんを2回追いこすことになる。**

Aくんが160m歩くのにかかる時間は $160\div 80=2$ (分)だから，1回目にBくんを追いこすのは9時28分＋2分＝

9時30分である。

2回目にBくんを追いこすのは，Aくんがさらに600m歩いたときだから，600÷80＝7.5(分)より，7分30秒後である。よって，9時30分＋7分30秒＝9時37分30秒である。

以上より，求める時刻は**9時30分**，**9時37分30秒**である。

6 ⑴ **【解き方】正方形の面積は(対角線の長さ)×(対角線の長さ)÷２で求められることを利用する。**

正方形ＡＢＣＤの面積は４×４＝16(cm²)だから，ＡＣ×ＢＤ＝16×２＝**32**である。

図1

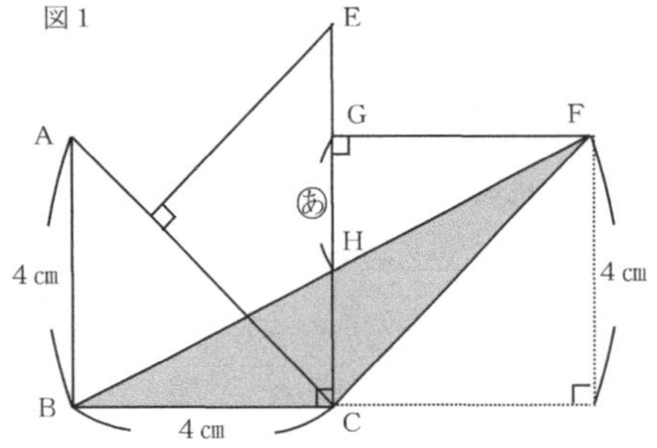

⑵ 求める面積は図１の色つき部分であり，底辺の長さが４cm，高さが４cmの三角形の面積である。よって，４×４÷２＝**8**(cm²)

⑶ **【解き方】図１のＢＣ＝ＦＧ＝４cmであり，ＢＣとＦＧは平行だから，角ＨＢＣ＝角ＨＦＧより，三角形ＨＢＣと三角形ＨＦＧは合同であることを利用する。**

合同な図形の対応する辺の長さは等しいから，ＣＨ＝ＧＨより，ＨはＣＧのまん中の点である。よって，㋐＝４÷２＝**2**(cm)

⑷ **【解き方】これまでの解説をふまえる。求める面積は，図２のおうぎ形ＥＣＦの面積から三角形ＣＦＨの面積を引いた値である。ＣＨ＝ＧＨより，三角形ＣＦＨは，底辺をＣＨ＝２cmとすると，高さはＧＦ＝４cmである。**

おうぎ形ＥＣＦの面積は，ＣＦ×ＣＦ×3.14×$\frac{45^\circ}{360^\circ}$であり，

ＣＦ×ＣＦの値は⑴のＡＣ×ＢＤの値と等しいから32である。

よって，32×3.14×$\frac{1}{8}$＝12.56(cm²)

また，三角形ＣＦＨの面積は２×４÷２＝４(cm²)

よって，求める面積は12.56－４＝**8.56**(cm²)である。

図2

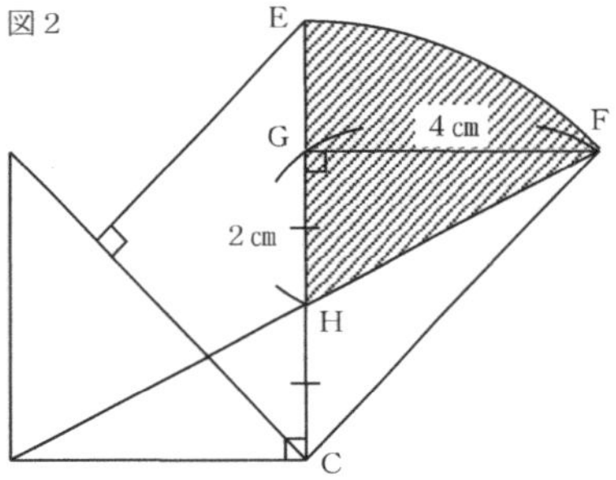

九州国際大学付属中学校

《国　語》

一　問一．ⓐ便利　ⓑ済んで　ⓒ安易　ⓓ主観　ⓔ態度　問二．X．ア　Y．エ　問三．A．オ　B．ア　C．エ　D．ウ　問四．１．拒否　２．攻撃　３．遮断　問五．⑴社会のルール性がゆるくなってしまった　⑵でもそれを　問六．他者との関係　問七．異質性を受け入れた形での親密性　問八．エ

二　問一．ⓐぞうきばやし　ⓑこさめ　ⓒため　ⓓそっせん　ⓔた　問二．X．エ　Y．イ　問三．A．ウ　B．オ　C．エ　D．ア　問四．１．宿題　２．さもなんでもない　問五．ウ　問六．水よりもろ過に時間がかかっているので期待できると思い、ろ過された液体がどんな味か早く知りたいと興奮する気持ち。

問七．１．こんなものは水とはいえない　２．まずい　３．うれしく　４．うらやましくなった　問八．ア

三　問一．①ア　②エ　③ウ　問二．①一　②私　③適　問三．［記号／漢字］　①［ア／供］　②［ウ／貴］　③［イ／衆］　④［ウ／批］

《算　数》

1　⑴30　⑵$\frac{3}{10}$　⑶$\frac{3}{4}$　⑷60　⑸13　⑹63　⑺６　⑻1．14　⑼12　⑽15

2　⑴280　⑵チューリップ…15　すいせん…８　⑶①82　②2340　⑷64　⑸８　⑹①14　②右表

3　⑴①大きい茶わん…1125　小さい茶わん…1050　②1780　⑵40

4　⑴150　⑵２　⑶３　⑷300

5　⑴12．5　⑵６　⑶８　⑷0．8　⑸８，40

6　⑴①0．5　②右図　⑵7．72　⑶4．72

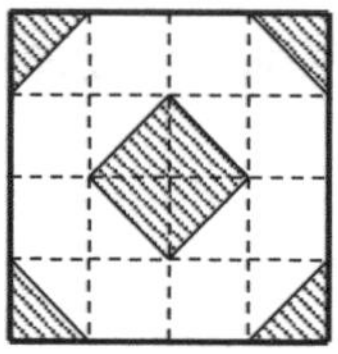

読んだ本の冊数

冊　数（冊）	人数（人）
0以上～　3未満	1
3　～　6	2
6　～　9	2
9　～12	3
12　～15	5
15　～18	6
18　～21	2
21　～24	4
合　計	25

《英　語》

1　問１．⑴ウ　⑵ア　⑶イ　⑷ウ　問２．⑴ア　⑵ウ　⑶ア　⑷イ　⑸エ　⑹イ

2　問１．k　問２．e　問３．h　問４．g　問５．a

3　問１．March　問２．Friday

4　happy

5　問１．like　問２．私は歌手になりたいです。

《理　科》

1 問１．⑴ア，イ，エ　⑵(う)→(い)→(え)　⑶たまご　⑷冬　⑸土の中で幼虫の姿で過ごしている

問２．⑴１　⑵①(あ)ア　(い)イ　(う)エ　②(A)ウ　(B)エ

2 問１．⑴水 200mL にとける砂糖の量には限りがあるから　⑵あ⃝水の温度

い⃝水の量　　問２．⑴ミョウバンの水よう液…155.3　食塩水…1.1　⑵181.7

⑶海水から水を蒸発させているから

3 問１．⑴さえぎる　⑵①太陽の方向に影ができているから　②右図　⑶右図

問２．⑴エ　⑵①水蒸気　②蒸発　⑶①雲　②風

4 問１．②12　③８　　問２．⑴100　⑵４　⑶250

3問１⑵②の図

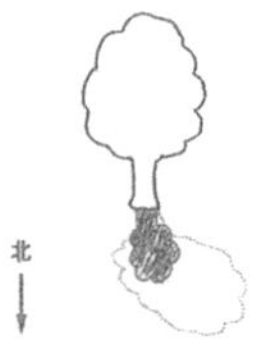

3問１⑶の図

《社　会》

1 問１．⑴山形　⑵ア，イ，ク　⑶エ　　問２．⑴ウ　⑵エ　⑶ア　　問３．⑴ア　⑵イ　⑶赤道

2 問１．イ　　問２．エ　　問３．平城京　　問４．ア　　問５．ご恩　　問６．エ　　問７．ウ

問８．⑴イ　⑵ア　　問９．女性にも選挙権が与えられ，投票できる年れいも 25 歳以上から 20 歳以上に引き下げられたから。

3 (A)問１．エ，オ　問２．ユニバーサル　問３．自衛隊　　(B)問１．エ　問２．ウ

【算数の解説】

1 ⑴　与式より，$\frac{2}{3}\times\square=8\div\frac{2}{5}$　　$\square=8\times\frac{5}{2}\div\frac{2}{3}=8\times\frac{5}{2}\times\frac{3}{2}=30$

⑵　与式より，$\frac{1}{2}-\square=1\div5$　　$\square=\frac{1}{2}-\frac{1}{5}=\frac{5}{10}-\frac{2}{10}=\frac{3}{10}$

⑶　与式より，$18\div\square=40\times0.6$　　$\square=18\div24=\frac{3}{4}$

⑷　与式より，$\square=\frac{15\times16\times12}{48}=60$

⑸　与式より，$6\times\square=104-26$　　$\square=78\div6=13$

⑹　18 は２の 18÷２＝９倍だから，□＝７×９＝63

⑺　平行四辺形の面積は，(底辺)×(高さ)で求められるので，求める高さは，(面積)÷(底辺)＝96÷16＝６(㎝)

⑻　求める面積は，半径が２㎝の円の$\frac{1}{4}$のおうぎ形の面積から，直角を挟《はさ》む２つの辺の長さが２㎝の直角二等辺三角形の面積をひけばよいので，$2\times2\times3.14\times\frac{1}{4}-2\times2\div2=1.14$(㎠)

⑼　三角柱の体積は，(底面積)×(高さ)で求められる。底面積は６×８÷２＝24(㎠)だから，xの値(高さ)は，(体積)÷(底面積)＝288÷24＝12(㎝)

⑽　右のように記号をおく。三角形ＡＢＣは正三角形，四角形ＢＣＤＥは正方形なので，

角ＡＢＥ＝角ＡＢＣ＋角ＣＢＥ＝60°＋90°＝150°

三角形ＢＡＥはＢＡ＝ＢＥの二等辺三角形なので，角あ⃝＝(180°－150°)÷２＝15°

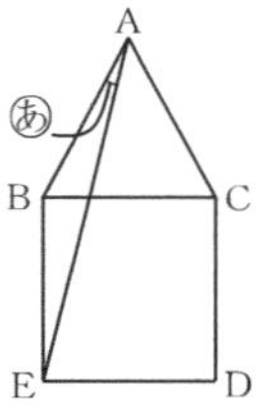

2 ⑴　$12\%=\frac{12}{100}$なので，求める金額は，$250\times(1+\frac{12}{100})=280$(円)

⑵　**【解き方】つるかめ算を用いる。**

すいせんの球こんを 23 個買ったとすると，代金は 180×23＝4140(円)となり，実際よりも 4140－3240＝900(円)高い。すいせんの球こん１個をチューリップの球こん１個に置きかえると，代金は 180－120＝60(円)安くなるから，チューリップの球こんは 900÷60＝15(個)，すいせんの球こんは 23－15＝８(個)

(3)① **【解き方】(平均)＝(合計)÷(個数)だから，(合計)＝(平均)×(個数)で求められる。**

５個のみかんの重さの合計は 78×５＝390(g)だから，あてはまる数は，390－(75＋80＋76＋77)＝82(g)

② みかん 30 個の重さの平均は 78g と考えられるから，求める重さは，およそ 78×30＝2340(g)

(4) 大きな箱と小さな箱に入れるりんごの個数の比は４：１で，この比の数の和である４＋１＝５が 80 個にあたるから，大きな箱に入れるりんごの個数は，$80\times\frac{4}{5}$＝64(個)

(5) **【解き方】表にまとめて考える。**

表にまとめると右のようになる(○は行ったことがある，×は行ったことがない)。

		美術館		合計
		○	×	
博物館	○	㋒	㋑	23
	×		1	
合計		19	㋐	35

㋐＝35－19＝16，㋑＝16－１＝15，㋒＝23－15＝８

よって，求める人数は８人である。

(6)① 25÷２＝12 余り１より，中央値は，記録を大きさ順に並べたときの 13 番目の記録である。13 冊以下が１＋１＋１＋２＋２＋１＋３＋１＝12(人)，14 冊以下が 12＋１＝13(人)いるから，中央値は 14 冊である。

② 数え間違いがないように注意しよう。「３以上」や「３以下」のときは，３はふくまれ，「３未満」や「３より大きい」，「３より小さい」のときは，３はふくまれない。

3 (1)① 兄と弟の１か月分のおこづかいはそれぞれ，1500 円，$1500\times\frac{4}{5}$＝1200(円)である。

よって，大きい茶わんの値段は 1500×0.75＝1125(円)，小さい茶わんの値段は 1200－150＝1050(円)である。

② 安くしてもらう前の代金は 1125＋1050＋50＝2225(円)なので，支払った金額《きんがく》は，2225×(１－0.2)＝1780(円)

(2) 安くしてもらう前の代金は 1500＋500＝2000(円)で，安くしてもらった金額は 2000－1200＝800(円)なので，求める割合は，$\frac{800}{2000}$×100＝40(%)

4 (1) グラフより，九太郎くんは公園から学校までの 1500－600＝900(m)の道のりを 12－６＝６(分)で走ったので，求める速さは，毎分(900÷６)m＝毎分 150m

(2) 九太郎くんは，家から公園まで 600÷150＝４(分)かかるから，休けいした時間は，６－４＝２(分間)

(3) 国子さんは公園から学校までの 900m を 900÷60＝15(分)で進むので，九太郎くんより 15－12＝３(分)遅れて学校に着く。

(4) **【解き方】九太郎くんが公園を出たときの２人の間の道のりを考える。**

九太郎くんが公園を出たとき，国子さんは公園から 60×６＝360(m)進んだところにいるので，２人の間の道のりは 360m である。ここから，２人の間の道のりは１分間で 150－60＝90(m)短くなるから，国子さんが九太郎くんに追い抜かれるのは 360÷90＝４(分後)で，公園から 150×４＝600(m)進んだところ，つまり，学校から 1500－(600＋600)＝300(m)のところである。

5 (1) １L＝10㎝×10㎝×10㎝＝1000㎤だから，２L＝2000㎤である。

水を５分入れたときの水の量は 2000×５＝10000(㎤)であり，容器の底面積は 40×20＝800(㎠)だから，水の高さは，10000÷800＝12.5(㎝)

(2) 容器の容積は，40×20×15＝12000(㎤)だから，求める時間は，12000÷2000＝６(分後)

(3) **【解き方】図２を正面から見て，右のように作図する(太線は仕切り)。水はA→B→Cの順で入り，仕切りのいちばん上まで水が入るのは，Aの部分すべてに水が入るときである。**

２分で水は 2000×２＝4000(㎤)入る。Aの部分の底面積(㋐の面の面積)は 25×20＝500(㎠)だから，仕切りの高さは，4000÷500＝８(㎝)

⑷　**【解き方】⑶の図をふまえる。Bの部分の体積→出た水の量，の順で求める。**

⑶の状態から２分後，水はさらに 4000 cm^3入るが，Bの部分の体積は 15×20×８＝2400(cm^3)なので，

この２分で穴から出た水の量は 4000－2400＝1600(cm^3)，つまり，$\frac{1600}{1000}$＝1.6(L)である。

よって，毎分(1.6÷２)L＝毎分 0.8Lの水が出ている。

⑸　**【解き方】⑶の図をふまえる。Cに水が入る間は，穴から水が出ていることに注意する。**

A，Bの部分が水でいっぱいになるのは，水を入れ始めてから２＋２＝４(分後)である。

ここから，Cに水が入る間は，１分間で２－0.8＝1.2(L)，つまり，1.2×1000＝1200(cm^3)だけ水の量が増える。

Cの部分の体積は 40×20×(15－８)＝5600(cm^3)だから，求める時間は，４＋5600÷1200＝４＋$4\frac{2}{3}$＝$8\frac{2}{3}$(分後)，

つまり，８分($\frac{2}{3}$×60)秒後＝８分 40 秒後である。

6　⑴①　直角を挟む２つの辺の長さが１cmの直角二等辺三角形の面積なので，１×１÷２＝0.5(cm^2)

②　順に開いていくと，右図のようになる。

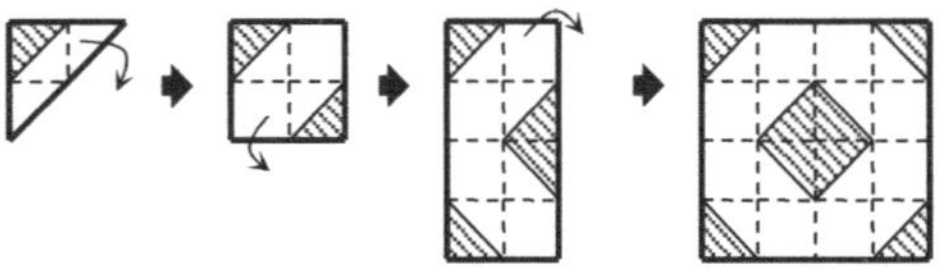

⑵　**【解き方】２回折っているので，紙は２×２＝４(枚)重なっている。よって，正方形の紙の面積から，２回折った後の斜線《しゃせん》部分の面積の４倍をひいて求めることができる。**

正方形の紙の面積は，４×４＝16(cm^2)

２回折った後の斜線部分は，直角を挟む２つの辺が１cmの直角二等辺三角形と，半径が１cmの半円なので，

求める面積は，16－(１×１÷２＋１×１×3.14÷２)×４＝16－２－6.28＝7.72(cm^2)

⑶　**【解き方】⑵の紙を順に開くと図ｉのようになるので，㋐，㋑が重なっている部分は，図ⅱの斜線部分を除いた部分となる。**

図ｉ

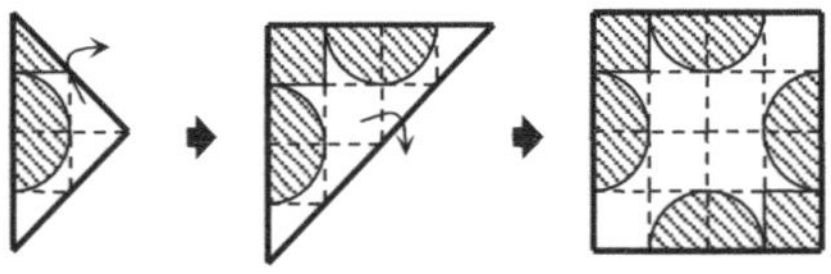

求める面積は，⑵の面積から，図ⅱの太線で囲まれた図形の面積をひけばよいので，7.72－(１×１÷２)×６＝4.72(cm^2)

図ⅱ

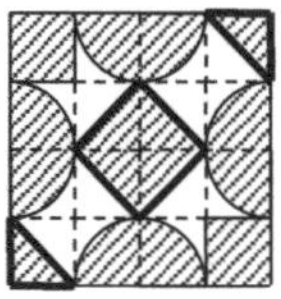

■ ご使用にあたってのお願い・ご注意

（1）問題文等の非掲載

著作権上の都合により，問題文や図表などの一部を掲載できない場合があります。

誠に申し訳ございませんが，ご了承くださいますようお願いいたします。

（2）過去問における時事性

過去問題集は，学習指導要領の改訂や社会状況の変化，新たな発見などにより，現在とは異なる表記や解説になっている場合があります。過去問の特性上，出題当時のままで出版していますので，あらかじめご了承ください。

（3）配点

学校等から配点が公表されている場合は，記載しています。公表されていない場合は，記載していません。

独自の予想配点は，出題者の意図と異なる場合があり，お客様が学習するうえで誤った判断をしてしまう恐れがあるため記載していません。

（4）無断複製等の禁止

購入された個人のお客様が，ご家庭でご自身またはご家族の学習のためにコピーをすることは可能ですが，それ以外の目的でコピー，スキャン，転載（ブログ，ＳＮＳなどでの公開を含みます）などをすることは法律により禁止されています。学校や学習塾などで，児童生徒のためにコピーをして使用することも法律により禁止されています。

ご不明な点や，違法な疑いのある行為を確認された場合は，弊社までご連絡ください。

（5）けがに注意

この問題集は針を外して使用します。針を外すときは，けがをしないように注意してください。また，表紙カバーや問題用紙の端で手指を傷つけないように十分注意してください。

（6）正誤

制作には万全を期しておりますが，万が一誤りなどがございましたら，弊社までご連絡ください。

なお，誤りが判明した場合は，弊社ウェブサイトの「ご購入者様のページ」に掲載しておりますので，そちらもご確認ください。

■ お問い合わせ

解答例，解説，印刷，製本など，問題集発行におけるすべての責任は弊社にあります。

ご不明な点がございましたら，弊社ウェブサイトの「お問い合わせ」フォームよりご連絡ください。迅速に対応いたしますが，営業日の都合で回答に数日を要する場合があります。

ご入力いただいたメールアドレス宛に自動返信メールをお送りしています。自動返信メールが届かない場合は，「よくある質問」の「メールの問い合わせに対し返信がありません。」の項目をご確認ください。

また弊社営業日（平日）は，午前９時から午後５時まで，電話でのお問い合わせも受け付けています。

2025 春

株式会社教英出版
〒422-8054　静岡県静岡市駿河区南安倍３丁目 12-28
TEL　054-288-2131　　FAX　054-288-2133
URL　https://kyoei-syuppan.net/
MAIL siteform@kyoei-syuppan.net

教英出版の親子で取りくむシリーズ

公立中高一貫校とは？適性検査とは？
受検を考えはじめた親子のための
最初の１冊！

「概要編」では公立中高一貫校の仕組みや適性検査の特徴をわかりやすく説明し，「例題編」では実際の適性検査の中から，よく出題されるパターンの問題を厳選して紹介しています。実際の問題紙面も掲載しているので受検を身近に感じることができます。

- 公立中高一貫校を知ろう！
- 適性検査を知ろう！
- 教科的な問題〈適性検査ってこんな感じ〉
- 実技的な問題〈さらにはこんな問題も！〉
- おさえておきたいキーワード

定価：1,078円（本体980+税）

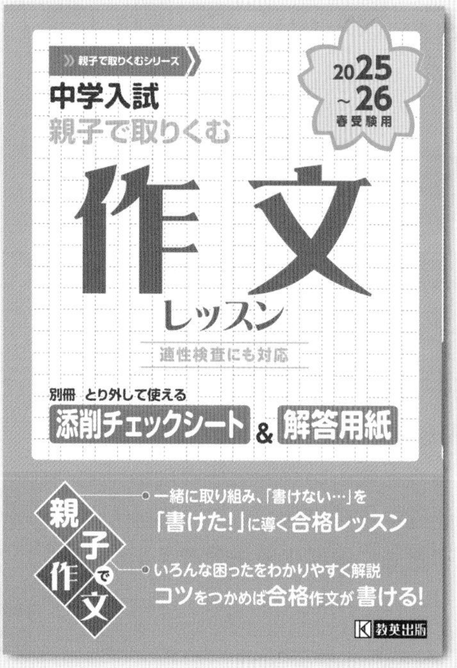

適性検査の作文問題にも対応！
「書けない」を「書けた！」に
導く合格レッスン

「実力養成レッスン」では，作文の技術や素材の見つけ方，書き方や教え方を対話形式でわかりやすく解説。実際の入試作文をもとに，とり外して使える解答用紙に書き込んでレッスンをします。赤ペンの添削例や，「添削チェックシート」を参考にすれば，お子さんが書いた作文をていねいに添削することができます。

- レッスン１ 作文の基本と，書くための準備
- レッスン２ さまざまなテーマの入試作文
- レッスン３ 長文の内容をふまえて書く入試作文
- 実力だめし！入試作文
- 別冊「添削チェックシート・解答用紙」付き

定価：1,155円（本体1,050+税）

絶賛販売中！

詳しくは教英出版で検索

教英出版 ［検索］

URL https://kyoei-syuppan.net/

教英出版　2025年春受験用　中学入試問題集

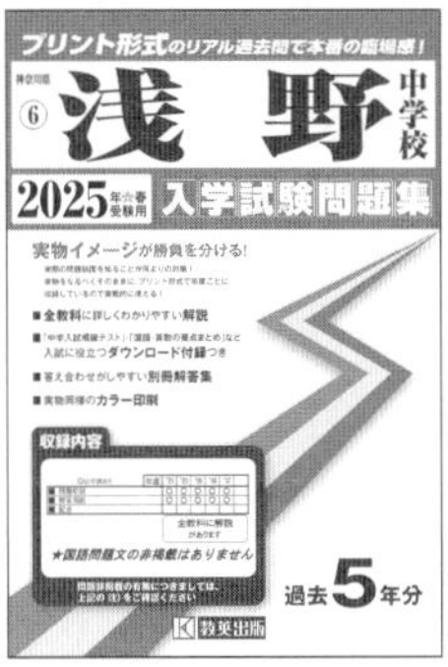

学校別問題集

✿はカラー問題対応

北海道

①[市立]札幌開成中等教育学校
②藤女子中学校
③北嶺中学校
④北星学園女子中学校
⑤札幌大谷中学校
⑥札幌光星中学校
⑦立命館慶祥中学校
⑧函館ラ・サール中学校

青森県

①[県立]三本木高等学校附属中学校

岩手県

①[県立]一関第一高等学校附属中学校

宮城県

①[県立]宮城県古川黎明中学校
②[県立]宮城県仙台二華中学校
③[市立]仙台青陵中等教育学校
④東北学院中学校
⑤仙台白百合学園中学校
⑥聖ウルスラ学院英智中学校
⑦宮城学院中学校
⑧秀光中学校
⑨古川学園中学校

秋田県

①[県立]
- 大館国際情報学院中学校
- 秋田南高等学校中等部
- 横手清陵学院中学校

山形県

①[県立]
- 東桜学館中学校
- 致道館中学校

福島県

①[県立]
- 会津学鳳中学校
- ふたば未来学園中学校

茨城県

①[県立]
- 日立第一高等学校附属中学校
- 太田第一高等学校附属中学校
- 水戸第一高等学校附属中学校
- 鉾田第一高等学校附属中学校
- 鹿島高等学校附属中学校
- 土浦第一高等学校附属中学校
- 竜ヶ崎第一高等学校附属中学校
- 下館第一高等学校附属中学校
- 下妻第一高等学校附属中学校
- 水海道第一高等学校附属中学校
- 勝田中等教育学校
- 並木中等教育学校
- 古河中等教育学校

栃木県

①[県立]
- 宇都宮東高等学校附属中学校
- 佐野高等学校附属中学校
- 矢板東高等学校附属中学校

群馬県

①
- [県立]中央中等教育学校
- [市立]四ツ葉学園中等教育学校
- [市立]太田中学校

埼玉県

①[県立]伊奈学園中学校
②[市立]浦和中学校
③[市立]大宮国際中等教育学校
④[市立]川口市立高等学校附属中学校

千葉県

①[県立]
- 千葉中学校
- 東葛飾中学校

②[市立]稲毛国際中等教育学校

東京都

①[国立]筑波大学附属駒場中学校
②[都立]白鷗高等学校附属中学校
③[都立]桜修館中等教育学校
④[都立]小石川中等教育学校
⑤[都立]両国高等学校附属中学校
⑥[都立]立川国際中等教育学校
⑦[都立]武蔵高等学校附属中学校
⑧[都立]大泉高等学校附属中学校
⑨[都立]富士高等学校附属中学校
⑩[都立]三鷹中等教育学校
⑪[都立]南多摩中等教育学校
⑫[区立]九段中等教育学校
⑬開成中学校
⑭麻布中学校
⑮桜蔭中学校
⑯女子学院中学校
✿⑰豊島岡女子学園中学校
⑱東京都市大学等々力中学校
⑲世田谷学園中学校
✿⑳広尾学園中学校(第2回)
✿㉑広尾学園中学校(医進・サイエンス回)
㉒渋谷教育学園渋谷中学校(第1回)
㉓渋谷教育学園渋谷中学校(第2回)
㉔東京農業大学第一高等学校中等部(2月1日 午後)
㉕東京農業大学第一高等学校中等部(2月2日 午後)

神奈川県

①［県立］
- 相模原中等教育学校
- 平塚中等教育学校

②［市立］南高等学校附属中学校
③［市立］横浜サイエンスフロンティア高等学校附属中学校
④［市立］川崎高等学校附属中学校
✿⑤聖光学院中学校
✿⑥浅野中学校
⑦洗足学園中学校
⑧法政大学第二中学校
⑨逗子開成中学校（1次）
⑩逗子開成中学校（2·3次）
⑪神奈川大学附属中学校（第1回）
⑫神奈川大学附属中学校（第2·3回）
⑬栄光学園中学校
⑭フェリス女学院中学校

新潟県

①［県立］
- 村上中等教育学校
- 柏崎翔洋中等教育学校
- 燕中等教育学校
- 津南中等教育学校
- 直江津中等教育学校
- 佐渡中等教育学校

②［市立］高志中等教育学校
③新潟第一中学校
④新潟明訓中学校

石川県

①［県立］金沢錦丘中学校
②星稜中学校

福井県

①［県立］高志中学校

山梨県

①山梨英和中学校
②山梨学院中学校
③駿台甲府中学校

長野県

①［県立］
- 屋代高等学校附属中学校
- 諏訪清陵高等学校附属中学校

②［市立］長野中学校

岐阜県

①岐阜東中学校
②鶯谷中学校
③岐阜聖徳学園大学附属中学校

静岡県

①［国立］静岡大学教育学部附属中学校（静岡·島田·浜松）

②
- ［県立］清水南高等学校中等部
- ［県立］浜松西高等学校中等部
- ［市立］沼津高等学校中等部

③不二聖心女子学院中学校
④日本大学三島中学校
⑤加藤学園暁秀中学校
⑥星陵中学校
⑦東海大学付属静岡翔洋高等学校中等部
⑧静岡サレジオ中学校
⑨静岡英和女学院中学校
⑩静岡雙葉中学校
⑪静岡聖光学院中学校
⑫静岡学園中学校
⑬静岡大成中学校
⑭城南静岡中学校
⑮静岡北中学校

⑯
- 常葉大学附属常葉中学校
- 常葉大学附属橘中学校
- 常葉大学附属菊川中学校

⑰藤枝明誠中学校
⑱浜松開誠館中学校
⑲静岡県西遠女子学園中学校
⑳浜松日体中学校
㉑浜松学芸中学校

愛知県

①［国立］愛知教育大学附属名古屋中学校
②愛知淑徳中学校

③
- 名古屋経済大学市邨中学校
- 名古屋経済大学高蔵中学校

④金城学院中学校
⑤椙山女学園中学校
⑥東海中学校
⑦南山中学校男子部
⑧南山中学校女子部
⑨聖霊中学校
⑩滝中学校
⑪名古屋中学校
⑫大成中学校
⑬愛知中学校
⑭星城中学校
⑮名古屋葵大学中学校
（名古屋女子大学中学校）
⑯愛知工業大学名電中学校
⑰海陽中等教育学校（特別給費生）
⑱海陽中等教育学校（Ⅰ·Ⅱ）
⑲中部大学春日丘中学校
新刊⑳名古屋国際中学校

三重県

①［国立］三重大学教育学部附属中学校
②暁中学校
③海星中学校
④四日市メリノール学院中学校
⑤高田中学校
⑥セントヨゼフ女子学園中学校
⑦三重中学校
⑧皇學館中学校
⑨鈴鹿中等教育学校
⑩津田学園中学校

滋賀県

①［国立］滋賀大学教育学部附属中学校

②［県立］
- 河瀬中学校
- 守山中学校
- 水口東中学校

京都府

①［国立］京都教育大学附属桃山中学校
②［府立］洛北高等学校附属中学校
③［府立］園部高等学校附属中学校
④［府立］福知山高等学校附属中学校
⑤［府立］南陽高等学校附属中学校
⑥［市立］西京高等学校附属中学校
⑦同志社中学校
⑧洛星中学校
⑨洛南高等学校附属中学校
⑩立命館中学校
⑪同志社国際中学校
⑫同志社女子中学校（前期日程）
⑬同志社女子中学校（後期日程）

大阪府

①［国立］大阪教育大学附属天王寺中学校
②［国立］大阪教育大学附属平野中学校
③［国立］大阪教育大学附属池田中学校

④[府立]富田林中学校
⑤[府立]咲くやこの花中学校
⑥[府立]水都国際中学校
⑦清風中学校
⑧高槻中学校（A日程）
⑨高槻中学校（B日程）
⑩明星中学校
⑪大阪女学院中学校
⑫大谷中学校
⑬四天王寺中学校
⑭帝塚山学院中学校
⑮大阪国際中学校
⑯大阪桐蔭中学校
⑰開明中学校
⑱関西大学第一中学校
⑲近畿大学附属中学校
⑳金蘭千里中学校
㉑金光八尾中学校
㉒清風南海中学校
㉓帝塚山学院泉ヶ丘中学校
㉔同志社香里中学校
㉕初芝立命館中学校
㉖関西大学中等部
㉗大阪星光学院中学校

兵庫県

①[国立]神戸大学附属中等教育学校
②[県立]兵庫県立大学附属中学校
③雲雀丘学園中学校
④関西学院中学部
⑤神戸女学院中学部
⑥甲陽学院中学校
⑦甲南中学校
⑧甲南女子中学校
⑨灘中学校
⑩親和中学校
⑪神戸海星女子学院中学校
⑫滝川中学校
⑬啓明学院中学校
⑭三田学園中学校
⑮淳心学院中学校
⑯仁川学院中学校
⑰六甲学院中学校
⑱須磨学園中学校（第1回入試）
⑲須磨学園中学校（第2回入試）
⑳須磨学園中学校（第3回入試）
㉑白陵中学校
㉒夙川中学校

奈良県

①[国立]奈良女子大学附属中等教育学校
②[国立]奈良教育大学附属中学校
③[県立]（国際中学校
青翔中学校）
④[市立]一条高等学校附属中学校
⑤帝塚山中学校
⑥東大寺学園中学校
⑦奈良学園中学校
⑧西大和学園中学校

和歌山県

①[県立]（古佐田丘中学校
向陽中学校
桐蔭中学校
日高高等学校附属中学校
田辺中学校）
②智辯学園和歌山中学校
③近畿大学附属和歌山中学校
④開智中学校

岡山県

①[県立]岡山操山中学校
②[県立]倉敷天城中学校
③[県立]岡山大安寺中等教育学校
④[県立]津山中学校
⑤岡山中学校
⑥清心中学校
⑦岡山白陵中学校
⑧金光学園中学校
⑨就実中学校
⑩岡山理科大学附属中学校
⑪山陽学園中学校

広島県

①[国立]広島大学附属中学校
②[国立]広島大学附属福山中学校
③[県立]広島中学校
④[県立]三次中学校
⑤[県立]広島叡智学園中学校
⑥[市立]広島中等教育学校
⑦[市立]福山中学校
⑧広島学院中学校
⑨広島女学院中学校
⑩修道中学校
⑪崇徳中学校
⑫比治山女子中学校
⑬福山暁の星女子中学校
⑭安田女子中学校
⑮広島なぎさ中学校
⑯広島城北中学校
⑰近畿大学附属広島中学校福山校
⑱盈進中学校
⑲如水館中学校
⑳ノートルダム清心中学校
㉑銀河学院中学校
㉒近畿大学附属広島中学校東広島校
㉓AICJ中学校
㉔広島国際学院中学校
㉕広島修道大学ひろしま協創中学校

山口県

①[県立]（下関中等教育学校
高森みどり中学校）
②野田学園中学校

徳島県

①[県立]（富岡東中学校
川島中学校
城ノ内中等教育学校）
②徳島文理中学校

香川県

①大手前丸亀中学校
②香川誠陵中学校

愛媛県

①[県立]（今治東中等教育学校
松山西中等教育学校）
②愛光中学校
③済美平成中等教育学校
④新田青雲中等教育学校

高知県

①[県立]（安芸中学校
高知国際中学校
中村中学校）

福　岡　県

①［国立］福岡教育大学附属中学校（福岡・小倉・久留米）

②［県立］
- 育徳館中学校
- 門司学園中学校
- 宗像中学校
- 嘉穂高等学校附属中学校
- 輝翔館中等教育学校

③西南学院中学校
④上智福岡中学校
⑤福岡女学院中学校
⑥福岡雙葉中学校
⑦照曜館中学校
⑧筑紫女学園中学校
⑨敬愛中学校
⑩久留米大学附設中学校
⑪飯塚日新館中学校
⑫明治学園中学校
⑬小倉日新館中学校
⑭久留米信愛中学校
⑮中村学園女子中学校
⑯福岡大学附属大濠中学校
⑰筑陽学園中学校
⑱九州国際大学付属中学校
⑲博多女子中学校
⑳東福岡自彊館中学校
㉑八女学院中学校

佐　賀　県

①［県立］
- 香楠中学校
- 致遠館中学校
- 唐津東中学校
- 武雄青陵中学校

②弘学館中学校
③東明館中学校
④佐賀清和中学校
⑤成穎中学校
⑥早稲田佐賀中学校

長　崎　県

①［県立］
- 長崎東中学校
- 佐世保北中学校
- 諫早高等学校附属中学校

②青雲中学校
③長崎南山中学校
④長崎日本大学中学校
⑤海星中学校

熊　本　県

①［県立］
- 玉名高等学校附属中学校
- 宇土中学校
- 八代中学校

②真和中学校
③九州学院中学校
④ルーテル学院中学校
⑤熊本信愛女学院中学校
⑥熊本マリスト学園中学校
⑦熊本学園大学付属中学校

大　分　県

①［県立］大分豊府中学校
②岩田中学校

宮　崎　県

①［県立］五ヶ瀬中等教育学校

②［県立］
- 宮崎西高等学校附属中学校
- 都城泉ヶ丘高等学校附属中学校

③宮崎日本大学中学校
④日向学院中学校
⑤宮崎第一中学校

鹿　児　島　県

①［県立］楠隼中学校
②［市立］鹿児島玉龍中学校
③鹿児島修学館中学校
④ラ・サール中学校
⑤志學館中等部

沖　縄　県

①［県立］
- 与勝緑が丘中学校
- 開邦中学校
- 球陽中学校
- 名護高等学校附属桜中学校

もっと過去問シリーズ

北　海　道

北嶺中学校
7年分（算数・理科・社会）

静　岡　県

静岡大学教育学部附属中学校
（静岡・島田・浜松）
10年分（算数）

愛　知　県

愛知淑徳中学校
7年分（算数・理科・社会）
東海中学校
7年分（算数・理科・社会）
南山中学校男子部
7年分（算数・理科・社会）
南山中学校女子部
7年分（算数・理科・社会）
滝中学校
7年分（算数・理科・社会）
名古屋中学校
7年分（算数・理科・社会）

岡　山　県

岡山白陵中学校
7年分（算数・理科）

広　島　県

広島大学附属中学校
7年分（算数・理科・社会）
広島大学附属福山中学校
7年分（算数・理科・社会）
広島学院中学校
7年分（算数・理科・社会）
広島女学院中学校
7年分（算数・理科・社会）
修道中学校
7年分（算数・理科・社会）
ノートルダム清心中学校
7年分（算数・理科・社会）

愛　媛　県

愛光中学校
7年分（算数・理科・社会）

福　岡　県

福岡教育大学附属中学校
（福岡・小倉・久留米）
7年分（算数・理科・社会）
西南学院中学校
7年分（算数・理科・社会）
久留米大学附設中学校
7年分（算数・理科・社会）
福岡大学附属大濠中学校
7年分（算数・理科・社会）

佐　賀　県

早稲田佐賀中学校
7年分（算数・理科・社会）

長　崎　県

青雲中学校
7年分（算数・理科・社会）

鹿　児　島　県

ラ・サール中学校
7年分（算数・理科・社会）

※もっと過去問シリーズは
国語の収録はありません。

教英出版
〒422-8054
静岡県静岡市駿河区南安倍3丁目12－28
TEL 054-288-2131
FAX 054-288-2133
詳しくは教英出版で検索
教英出版　検索
URL https://kyoei-syuppan.net/

令和６年度　入学試験問題

国　　語

九州国際大学付属中学校

【注意事項】

1　開始合図のチャイムが鳴るまで、この問題用紙の中を見てはいけません。

2　開始合図のチャイムが鳴ったら、最初に解答用紙と問題用紙に受験番号・氏名を書きなさい。

3　試験時間は50分です。

4　解答はすべて、問題の指示にしたがって解答用紙に記入しなさい。

5　問題用紙で、印刷がはっきりしないところがあったら、静かに手をあげなさい。

6　答案ができあがっても、終了合図のチャイムが鳴るまで静かに着席していなさい。

字数制限のある問題については、句読点なども一字とします。

受験番号				氏名	

2024(R6) 九州国際大学付属中
教英出版

一 次の文章をよく読んであとの問いに答えなさい。習っていない漢字にはひらがなで読みがなをふっています。なお、字数を指定している問題は、句読点やかぎかっこも一字と数えます。

話すことと、書くこととは、どちらもことばを発信する行為《こうい》という点で共通します。[A]、先に「話すとき」について述べた内容は、「書くとき」にも該当《がいとう》する部分があります。誤解を避《さ》けるため、大事なところで念を押《お》したり、2度繰《く》り返したりするといった方法は、文章を書くときにも有効です。

ただ、話すときに比べると、書くときには**ハンディキャップ**（→他とくらべて不利な条件。）があります。[＊]が見えないということです。

話をする人は、聞き手の頭の中までは分かりませんが、その表情や受け答えなどから、自分の話が理解されているか、あまり理解されていないかをⓐスイソクできます。理解されていないな、と判断したら、「分かりにくかったようなので、補足します」とつけ足すこともできます。聞き手の集中力が落ちていると思ったら、関係ない余談を入れて、気分転換《てんかん》を図《はか》ったりもします。

[B]、文章を書く場合、読者がどう反応しているかは、まったく分かりません。相手が誤解しているかどうかもⓑケントウがつきません。仕事などで行き違《ちが》いがあった場合、メールで連絡《れんらく》するよりも、電話で連絡したほうが話が早くすむのはそのためです。相手の反応が分かりやすいのです。

読者の直接的な反応が分からないため、書くときには、①話すときとは違った工夫が必要です。とりわけ大事なのは、「多義的なことば」を排除《はいじょ》することです。

多義的とは、そのことばが多くの意味に解釈《かいしゃく》されるⓒセイシツのことです。何年か前にネットで話題になったフレーズに、「頭が赤い魚を食べた猫《ねこ》」というのがあります。言語研究者の中村明裕《なかむらあきひろ》さんが考えたもので、いろいろな意味に受け取られる、多義的なフレーズです。

②「頭が赤い魚を食べた猫」と言われたとき、頭が赤いのは、魚とも、また猫とも受け取られます。それだけでなく、**想像をたくましくすれば**（→思う存分に頭の中で考えれば）、猫の頭がパカッと開いて赤色の魚を食べた可能性や、人の頭が猫になっていて、その猫が赤色の魚を食べた可能性、人の頭が真っ赤な色の猫になっていて、その猫が魚を食べた可能性などがあります。

会話で、「赤色の猫」を念頭に「赤い、魚を食べた猫」と発言し、相手から「赤い魚なの？」と言われれば、「いや、ごめん、赤いのは猫だよ」と訂正《ていせい》することができます。書きことばでは、③こうしたやりとりができません。そこで、話しことばよりも慎重《しんちょう》に、ことばが多義的にならないように注意する必要があります。

私は、この第4章の冒頭《ぼうとう》を、次のように書き始めています。

「人と人とがことばをやりとりすると、ちょっとしたことで『つまずき』が生まれます」

これは、［C］、あれこれ考えて書き直した文なのです。最初の文は、こういうのでした。

「人とことばをやりとりすると、ちょっとしたことで『つまずき』が生まれます」

これでもいいのかもしれません。ただ、「人とことばをやりとりする」というところが多義的だと感じられました。④この表現では「『人』【　】『ことば』を、誰《だれ》かとやりとりする」という意味に受け取られる余地があります。

読者によって、さまざまな読み方があります。文章の表現が悪いと、筆者の意図しない、とんでもない意味に受け取る人が出てくるかもしれません。そういうⓓジタイを避けるため、ちょっとでも引っかかる表現があったら、つとめて修正していくのがⓔノゾましい姿勢です。

つとめて→できるだけ努力して。

（飯間《いいま》浩明《ひろあき》「ＮＨＫ出版　学びのきほん　つまずきやすい日本語」）

問一　――ⓐ～ⓔのカタカナを漢字に直して書きなさい。

問二　［A］～［C］に当てはまる最も適当な言葉を次からそれぞれ選び、記号で答えなさい。

ア　ところが　イ　実は　ウ　もし　エ　したがって

問三　［＊］に当てはまる五字の言葉を本文中から探し、書きぬきなさい。

問四　――①「話すときとは違った工夫」とありますが、「話すとき」に行う工夫の具体的な例を、ひとつづきの二文で本文中から探し、はじめの五字を書きぬきなさい。

問五　――②「『頭が赤い魚を食べた猫』と言われたとき、頭が赤いのは、魚とも、また猫とも受け取られます」とありますが、「頭が赤いのは猫」だとわかるように、読点（「、」）を加えることにしました。正しく読点が加えられた文を次から一つ選び、記号で答えなさい。

ア　頭が、赤い魚を食べた猫　イ　頭が赤い、魚を食べた猫

ウ　頭が赤い魚を、食べた猫　エ　頭が赤い魚を食べた、猫

問六 ――③「こうしたやりとり」とありますが、具体的にはどのようなことですか。それを説明した次の文の空らんに当てはまる言葉を本文中からそれぞれ指定の字数で探し、書きぬきなさい。

自分が発言したときの相手の **あ（七字）** から、相手に正しく **い（八字）** と判断して、その場で訂正すること。

問七 ――④「この表現では『人』【　　】『ことば』を、誰かとやりとりする」という意味に受け取られる余地があります」とありますが、「人とことばをやりとりする」という表現だとどのように受け取られる可能性があるのですか。――④の【　　】に最も適当な言葉を入れたものを次から選び、記号で答えなさい。

ア「人」**または**「ことば」を、誰かとやりとりする

イ「人」**か**「ことば」を、誰かとやりとりする

ウ「人」**および**「ことば」を、誰かとやりとりする

エ「人」**つまり**「ことば」を、誰かとやりとりする

問八 この文章の内容と合うものを次から一つ選び、記号で答えなさい。

ア 筆者は、話すときはまず聞いている相手の好みやとらえ方をよく知る努力をしてから、相手に合った言葉を選ぶのがよいと述べている。

イ 筆者は、相手が話の内容をよく分かっていないようなときは、関係ない話をすることでその場の空気を変えるのがよいと述べている。

ウ 筆者は、聞き手のとらえ方は人それぞれであるから、誤解を生むのではないかと気になる表現は積極的に正すのがよいと述べている。

エ 筆者は、さまざまな意味でとらえられる文の例を示し、そのようなおもしろい文を作るためには言葉を慎重に選ぶのがよいと述べている。

二

次の文章をよく読んであとの問いに答えなさい。習っていない漢字にはひらがなで読みがなをふっています。なお、字数を指定している問題は、句読点やかぎかっこも一字と数えます。

小学五年生の佑《たすく》は、両親と姉（理子《りこ》・中学三年）との四人ぐらしです。同じ町内に母方の祖父が一人で住んでいます。元刑事の祖父は体も大きくしっかりしていましたが、祖母を亡くしてしばらく経ち、最近は認知症《にんちしょう》の症状《しょうじょう》も出てきたため、デイサービスを利用するようにもなっていました。佑はこの夏休み、デイサービスの様子をレポートにまとめるために、祖父につきそいながら、ヘルパーの林さんたちから学んでいます。

八月十三日、佑《たすく》は祖父を含《ふく》めた家族五人で、祖母のお墓参りに来た。祖母が亡くなってからは、お盆《ぼん》の墓参りは、毎年の恒例《こうれい》行事になっている。

この日の祖父は、とても落ち着いていた。祖父の調子はあい変わらず日替《ひが》わりで、

「武田二課長を呼んできてくれ」

と、昔に戻《もど》っていたかと思えば、

「佑、夏休みの宿題は進んでいるのか」

と、ⓐ極めてまともな質問をしたりする。祖父の記憶《きおく》は福引きのガラガラみたいだった。出てきた態度で、どの時代にいるのかを判断するしかなかった。

けれども、朝、迎《むか》えに行くと、

「今日は、おばあちゃんの墓参りだったな」

と、ちゃんと覚えていた。しかも準備までしていた。なんとお供《そな》えの和菓子《わがし》まで買っていたのだ。これには家族全員驚《おどろ》いた。

「えー、おじいちゃん、買い物できたの？　しかもそれ、おばあちゃんの好物だよ。百点だね」

目を見開いた理子に、祖父は、

「あたり前だ」

と、鼻を鳴らして答えたほどだ。ただ、かぶった帽子《ぼうし》は裏返しだったが。

霊園《れいえん》は、車で二十分くらいのところにある。祖母のお墓は駐車場《ちゅうしゃじょう》からはすぐなので、杖《つえ》をついた祖父でも、ゆっくり歩く分には問題はなかった。

みんなでお墓の周りの草を抜《ぬ》き、墓石に水をかけた。祖父は、①よどみのない手つきで、和菓子を供え、お線香に火をつけた。そのしぐさには、品格さえ漂《ただよ》っていた。

「お墓っていう場所は、気持ちを落ち着かせるっていうからな」

「おばあちゃんの前で、かっこいいところを見せたいのよ」

両親も祖父の様子に、うれしそうな笑顔を浮《う》かべていた。

そんなふうに完璧《かんぺき》だった祖父が、突然《とつぜん》奇行《きこう》に出たのは、お参りをした直後のことだった。

→ふつうの人のしない、風変わりな行動

手を合わせて頭《こうべ》をたれ、静かに目をつぶっていた祖父は、目を開けると、供えたばかりの和菓子のケースに手を伸《の》ばした。そして荒《あら》い手つきでふたを開け、入っていた求肥《ぎゅうひ》をパクリと口に入れたのだ。

→白玉粉にさとうや水あめを加えて練り上げたもの。

「あーあ」

と②佑は肩《かた》を落とし、

「最後のところで」

「おしかったな」

③両親は悔《くや》しがり、

「九十八点。つめが甘《あま》い」

④理子は受験生らしい指摘《してき》をした。

だが祖父は、口を A させたまま、杖をついて歩いていく。

「ちょ、どこに行くの?」

佑はあとを追いかけながらたずねたが、返事はない。

「ごみは家に持って帰って捨てたらいいよ」

和菓子が入っていたケースを握《にぎ》っていたので、ごみ捨てなのかと思ったが、祖父はⓑ無言だ。

ジージージー。

墓石に反響《はんきょう》するのか、セミの声が大きくきこえる。

結局祖父は、霊園の行き止まりまで行きついてしまった。その先は林みたいに木がたくさん植えられていて、入れないように、竹で生垣《いけがき》が作ってあった。祖父は生垣の手前で座り込《こ》んだ。

「なにしてんの?」と、佑はもう一度きこうとしたが、やめた。ふと、林さんの言葉を思いだしたからだ。

「おじいちゃん、具合でも悪いの？」
心配して手を出そうとした理子を、佑はⓒ制した。
「大丈夫《だいじょうぶ》。⑤こっちから見たら、わけがわからなくても、お年寄りのやっていることには、意味があるんだから」
林さんからの受け売りだ。
→他人から得た知識をそのまま自分の知識のように話すこと。
しばらく祖父は、なにかを探すように、地面を点検していたが、
「おお、やっぱりいたな」
と言った。
「なにが？」
「セミの幼虫だ」
「セミの幼虫？」
「そこと、そこだ、佑」
「あ、ほんとだ」
祖父が指を差したところに、佑も割れていない殻《から》を見つけた。しかも二匹《にひき》も。
そんなものを探していたのか？
佑はちょっと⑥拍子抜《ひょうしぬ》けした。意味があるのか、ないのか。
「ひとつは、おばあちゃんに持っていってやろう」
でも祖父がそう言ったときだった。
「覚えてたんだ、お父さん」
首をひねる佑の背中越《ご》しに、母の⑦感に堪《た》えないというような声がした。振《ふ》り返ると涙《なみだ》ぐんでいる。
「おばあちゃんね、亡くなる前に、セミの羽化《うか》が見たいって言いだしたことがあってね」
「あ、そうだったよね。だから佑、一緒《いっしょ》に幼虫探しに行ったじゃん」
理子も思いだしたように続けた。その言葉に佑の頭の中でも、記憶がぱちんとはじけた。
「あ、あったかも」
ジージージー。
ふってくるようなセミの声の中、理子と幼虫を探したのは、三年前のお盆過ぎのことだった。

佑の住んでいる団地は、敷地《しきち》内に桜の木がたくさん植えてある。春には枝がしなるほどの花を咲《さ》かせる桜が、夏にはぎっしりのセミで震《ふる》える。当然、土の中にはたくさんの幼虫が眠《ねむ》っていて、抜《ぬ》け殻《がら》があちこちに落ちている。父親がビールのつまみによく食べる、**B** した空豆《そらまめ》のから揚《あ》げみたいな殻だ。その殻に、たまに中身が入っていることがある。それが、羽化するために、土から出てきたばかりの幼虫だ。

この幼虫をそっと持ち帰って、虫かごの中でや、網戸《あみど》につかまらせて羽化させたことが、何度かあった。殻を破るときに、触《さわ》ったりしなければ、セミは無事に飛び立っていく。

「おばあちゃんが、見たいんだって。羽化するところ」

あの夏の日、佑はそう言う理子に連れられて、幼虫を探して団地の植え込みに目を凝《こ》らしたのだった。けれども探してみると、案外いないもので、一時間近くも **C** した。

「あのときの羽化は本当にきれいだったよねえ」

理子はうっとりとした目で、佑に同意を求めたが、⑧佑はうなずくことができなかった。

「見てない」

「え、そうだっけ?」

理子は一瞬《いっしゅん》ひねりかけた首を、軽くたてに振《ふ》った。

「あ、そうだったね。佑、行かなかったんだ。テレビを見たいとかなんとか言って」

あのとき、「早くしないと、羽化が始まる」とせかす理子から離《はな》れて、佑はひとりで家に帰った。確かに見たいアニメもあったからだが、それよりも、病院が怖《こわ》かった。日に日に弱っていく祖母の姿を見るのが嫌《いや》だったのだ。その少し前から、佑は入院中の祖母をたずねるのが億劫《おっくう》→めんどうで気が進まないさま。になっていた。

「やばかったよ。めっちゃきれいだったんだから」

あの日、理子は、先に見舞《みま》いに行っていた母や祖父と一緒に羽化を見たのだという。

「殻が割れて、ゆっくりと真っ白な羽が出てきたの。初めはぬれたⓓ絹糸みたいだったけど、すぐに白いレースみたいに広がった。それが、見ている間にすきとおった緑色をおびたの。エメラルド細工《ざいく》みたいだったんだから」

「あれは、おばあちゃんにも、いいなぐさめになったわね」

母も、祖父が幼虫をⓔ収めたプラスチックケースをいとおしそうに見た。

祖父が突然求肥を食べたのは、ケースを空にするためだったのだろう。食欲の衝動《しょうどう》を抑《おさ》えきれなかったわけではなかったのだ。

お年寄りのやることには、やっぱり意味がある。
見つけた幼虫を持って、祖母の墓まで戻《もど》った。供えたばかりの花の茎《くき》につかまらせると、幼虫はしっかりと茎を握《にぎ》った。
⑨無事に羽化できますように。
佑は両手を合わせた。

（まはら三桃《みと》「奮闘《ふんとう》するたすく」）

問一 ═══ ⓐ～ⓔの漢字の読みをひらがなで書きなさい。

問二 ─── ①「よどみのない」、⑥「拍子抜け」、⑦「感に堪えない」の意味として最も適当なものを次からそれぞれ選び、記号で答えなさい。

①よどみのない
ア スムーズな
イ ダイナミックな
ウ デリケートな
エ ワンパターンな

⑥拍子抜け
ア 気がはれる
イ 気がぬける
ウ 気がひける
エ 気がめいる

⑦感に堪えない
ア とてもおかしくて、その気持ちを表に出さずにはいられない
イ とても悲しくて、その気持ちを表に出さずにはいられない
ウ とても感動して、その気持ちを表に出さずにはいられない
エ とても腹が立って、その気持ちを表に出さずにはいられない

問三 ─── ②「佑は肩を落とし」、③「両親は悔しがり」、④「理子は受験生らしい指摘をした」のように、祖父に対して家族はなぜこのような反応をしたと考えられますか。最も適当なものを次から選び、記号で答えなさい。
ア あとで持って帰ろうと思っていたお供え物を祖父にとられたから。
イ 祖父が家族と交わした約束を最後まで守ることができなかったから。
ウ 今日の祖父は最後まで完璧な行動ができるだろうと期待していたから。
エ 祖父の行動によって理子が受験に合格できなくなると思ったから。

問四　[A]～[C]に当てはまる言葉を次からそれぞれ選び、記号で答えなさい。

ア　もりもり　　イ　かりかり　　ウ　うろうろ　　エ　もごもご

問五　――⑤「こっちから見たら、わけがわからなくても、お年寄りのやっていることには、意味がある」とありますが、結局祖父の行動にはどのような意味があったのですか。それを説明した次の文の空らんに当てはまる言葉を本文中からそれぞれ指定の字数で探し、書きぬきなさい。

祖父が供えたばかりの和菓子を[1（三字）]のは、和菓子のケースに[2（五字）]を入れるためであった。

問六　――⑧「佑はうなずくことができなかった」とありますが、佑がうなずくことができなかった理由を説明した次の文の空らんに当てはまる言葉を本文中からそれぞれ指定の字数で探し、書きぬきなさい。

姉にはあのとき[あ（七字）]からと言ったが、実際はしだいに[い（九字）]を見たくなくて病院に行かず、家に帰ったため、その様子を見ていないから。

問七　――⑨「無事に羽化できますように」とありますが、このときの佑はどのような思いであったと考えられますか。佑の思いを説明した次の文の空らんに当てはまる言葉を、それぞれ**五字以上十字以内**で考えて答えなさい。

祖母にもう一度セミの美しい羽化を見せたいという祖父の思いを[1]と思うと同時に、かつて祖母のそばでセミの羽化を見ることができなかったことで、祖母に対して[2]思いがあり、今度こそ一緒《いっしょ》に羽化を見たいと願っていると考えられる。

三　次の各問いに答えなさい。

問一　次の語句の□にあてまる共通する漢字一字をそれぞれ書きなさい。

①
・後は野となれ□となれ
・□にたこができる
・□聞は一見にしかず

②
・海千□千
・馬□東風
・□発□中

③
・他□の石
・□が痛い
・五十歩□歩

問二　次にあげる熟語の (1) 読みをひらがなで書き、(2) その読み方にあてはまるものを後の**ア**〜**オ**から一つずつ選び、それぞれ記号で答えなさい。

①　八百屋　②　国際　③　味方

ア　音読み＋音読み　**イ**　訓読み＋訓読み　**ウ**　重箱《じゅうばこ》読み　**エ**　湯桶《ゆとう》読み　**オ**　熟字訓《じゅくじくん》

問三　次の**カタカナ**の漢字と (1) 同じ漢字のものを記号で選び、(2) その漢字の総画数を漢数字で書きなさい。

①　練習の成果を発**キ**する。
ア　今朝は**キ**温が高い。
イ　指**キ**者の指示に従う。
ウ　高**キ**な身分の人。
エ　約束の**キ**日が来た。

②　試合は**エン**長戦に入った。
ア　旅行は**エン**期された。
イ　コロナで**エン**安になる。
ウ　周りから敬**エン**されてしまう。
エ　姉のピアノの**エン**奏は素晴らしかった。

③　全国で教育改**カク**が進む。
ア　道を直**カク**に曲がる。
イ　弘前城《ひろさきじょう》の天守**カク**をのぞむ。
ウ　学校に**カク**自で集合する。
エ　野球界に**カク**命を起こす。

④　絵画の**テン**覧会に出かける。
ア　ぐずついた天気が好**テン**する。
イ　原生林が**テン**在する。
ウ　文化祭でクラス作品の**テン**示をする。
エ　商品を**テン**頭販売《はんばい》する。

令和６年度 入学試験問題

算　　数

九州国際大学付属中学校

【注意事項】

1　開始合図のチャイムが鳴るまで、この問題用紙の中を見てはいけません。

2　開始合図のチャイムが鳴ったら、最初に解答用紙と問題用紙に受験番号・氏名を書きなさい。

3　試験時間は50分です。

4　解答はすべて、問題の指示にしたがって解答用紙に記入しなさい。

5　問題用紙で、印刷がはっきりしないところがあったら、静かに手をあげなさい。

6　答案ができあがっても、終了合図のチャイムが鳴るまで静かに着席していなさい。

白紙のページは計算に使ってください。

受験番号				氏名	

1 次の（1）～（6）は □ にあてはまる数を、（7）～（10）はそれぞれの問いに答えなさい。

（1）　$\frac{5}{6}\times\square\times\frac{3}{4}=30$

（2）　$12\times\left(\frac{1}{3}-\square\right)=1$

（3）　$21\div\left(\square\div3\right)=7$

（4）　$9\times15\times12=60\times\square$

（5）　$24+8\times\square=120$

（6）　$21:12=49:\square$

2024(R6) 九州国際大学付属中
K 教英出版

(7)　右のひし形の面積は、52cm^2 です。
あの長さは、何 cm ですか。

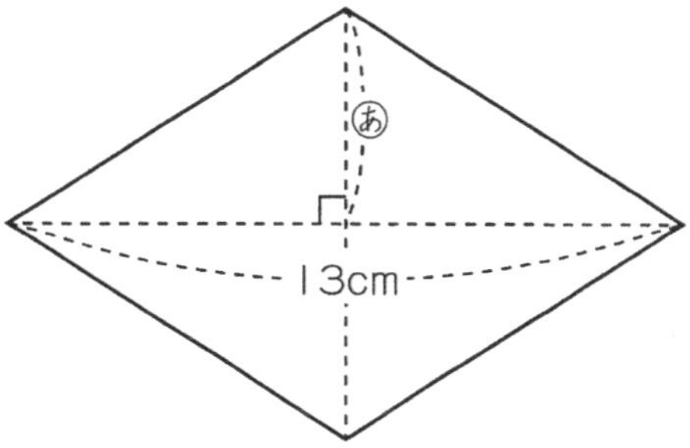

(8)　右の図の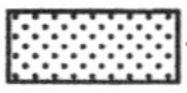部分の面積は、何 cm^2 ですか。
円周率を 3.14 として答えなさい。

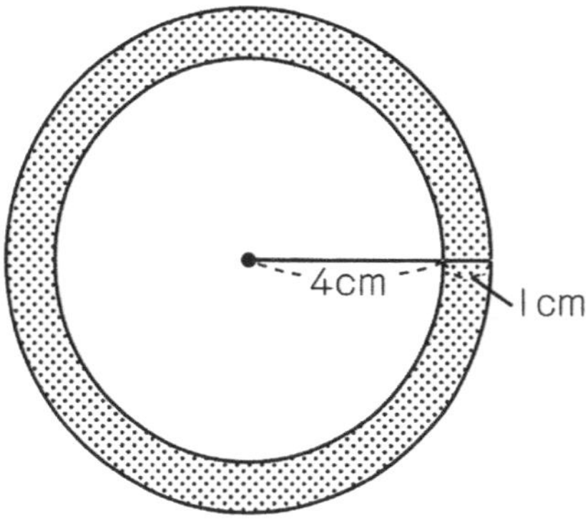

(9)　右の立体の体積は、何 cm^3 ですか。

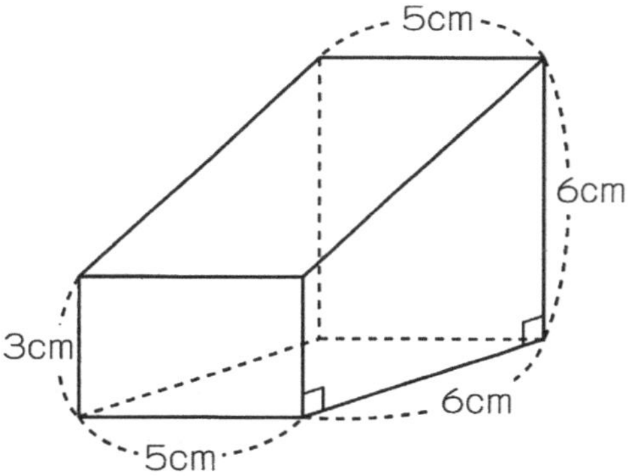

(10)　右の図は、正三角形と直角二等辺三角形を組み合わせた図形です。
角あの大きさは何度ですか。

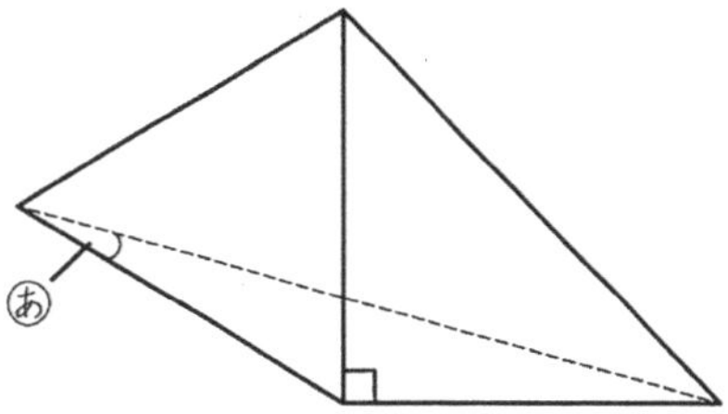

2 次の問いに答えなさい。

(1)　定価750円のハンカチがあります。このハンカチを定価の20%引きで買うと、代金は何円になりますか。

(2)　男子が18人、女子が12人いるクラスで算数のテストをしたところ、男子の平均点が63点で、クラス全体の平均点が65点でした。このクラスの女子の平均点は何点ですか。

(3)　えん筆4本と200円のノート1冊を買います。

①　えん筆1本の値段をx円としたときの代金をy円として、xとyの関係を式に表しなさい。

②　えん筆1本の値段が何円のとき、代金が560円になりますか。

(4)　1個150円のりんごと1個80円のみかんをあわせて12個買って、1240円はらいました。このとき、80円のみかんは何個買いましたか。

(5)　0、1、2、3 の４枚のカードのうち３枚を並べて３けたの整数をつくります。
100 より大きく 300 より小さい整数は、全部で何個できますか。

(6)　次の図は、クラスの生徒20人が、１か月に読んだ本の冊数を調べて、ドットプロットに表したものです。

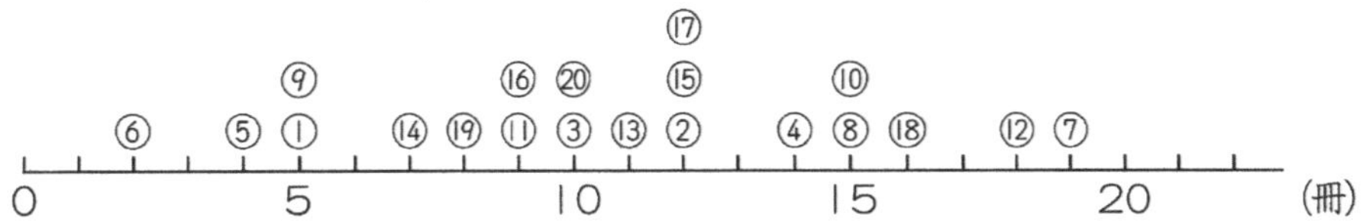

① 最ひん値は、いくらですか。

② ちらばりのようすを、柱状グラフに表しなさい。

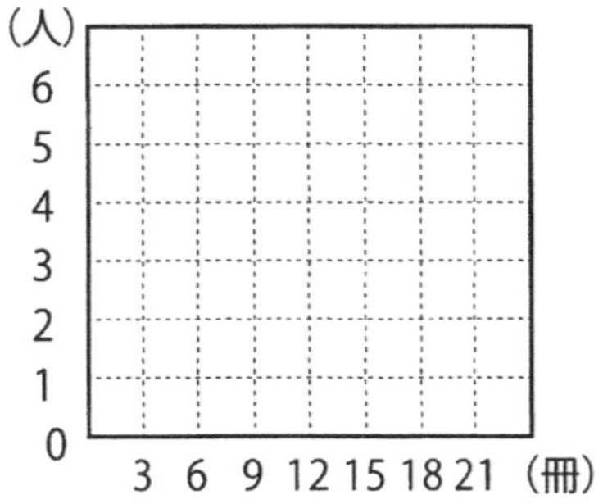

3 下の図は、ある円柱を底面が半分になるように切ってできた立体の展開図です。

円周率を 3.14 として、次の問いに答えなさい。

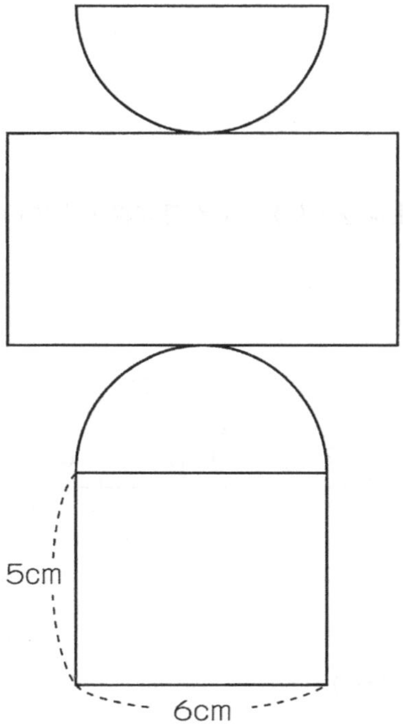

(1)　もとの円柱の底面の半径は、何 cm ですか。

（2）　この立体の体積は、何 cm^3 ですか。

（3）　もとの円柱の側面の面積は、何 cm^2 ですか。

（4）　この立体の側面の面積は、何 cm^2 ですか。

4 14は、各位の数をたすと５になります。これを、「14→5」と表すことにします。
たとえば、139→13、６→６となります。

（1）　次の ㋐ にあてはまる数を答えなさい。

783→㋐

（2）　次の ㋑ にあてはまる２けたの整数は何個ありますか。

㋑→4

（3）　㋒ は３けたの整数で、どの位の数も０はありません。
このとき、㋒ にあてはまる数の中で最も大きい数を答えなさい。

㋒→6

(4)　次の ㋓、㋔ にあてはまる数を考えます。

㋓→㋔→ 4

㋓ と ㋔ にあてはまる数が次の２つの条件を満たすとき、㋓ にあてはまる数は何個ありますか。

- ㋓ と ㋔ はどの位の数も０はありません。
- ㋓ は３けたの整数で、百の位の数は５です

5 下の図は、午前９時にＡ駅を出発して、Ａ駅とＣ駅の間を行き来する電車のようすを表したものです。

Ａ駅を出発した電車は、途《と》中のＢ駅に停車して、Ｃ駅へ向かいます。Ｃ駅についた電車は、しばらく停車してから出発し、途中のＢ駅に停車してＡ駅に向かいます。行きも帰りもＢ駅では同じ時間だけ停車します。

この電車は一定の速さで走るとして、次の問いに答えなさい。

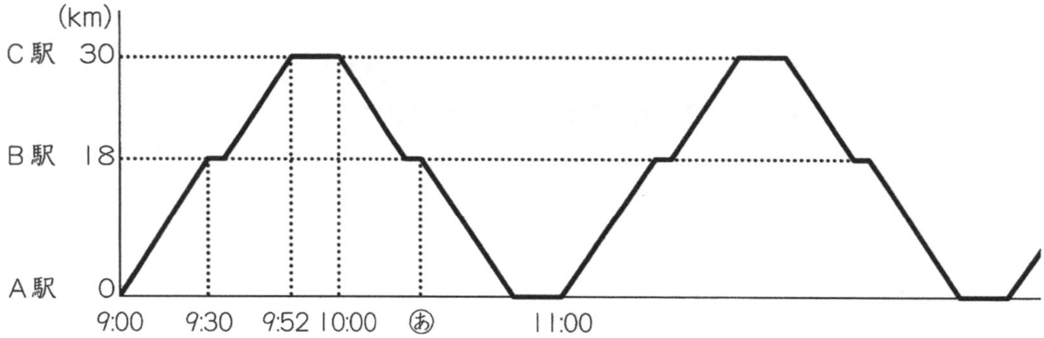

(1)　この電車の速さは、毎分何kmですか。

(2)　この電車は、Ｂ駅で何分間停車しますか。

（３）　㋐の時刻は、午前何時何分ですか。

（４）　Ａ駅に戻ってきた電車は、Ａ駅で何分間停車して、ふたたびＣ駅に向けて出発しますか。

（５）　Ｂ駅からＡ駅に向かいます。今、午後４時１０分です。次のＡ駅行きの電車は、Ｂ駅を何分後に出発しますか。

6 半径6cmの円があります。円周率を3.14として、次の問いに答えなさい。

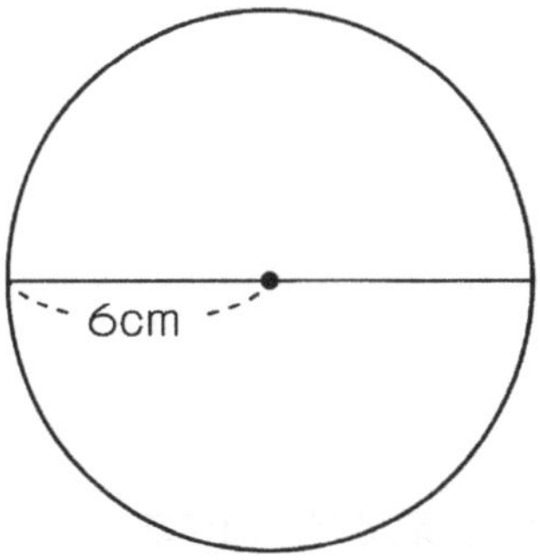

(1) 下の図のように、この円を2枚ならべ、まわりを長方形で囲みました。
この長方形のまわりの長さは、何cmですか。

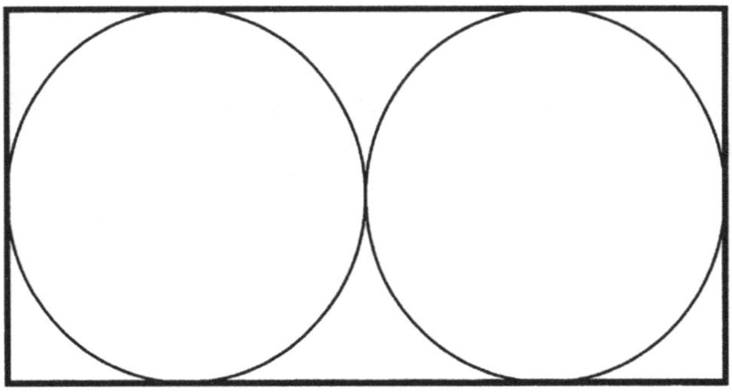

（2）　下の図のように、1辺が2cm の正三角形ABC を、（1）の長方形のまわりにアの位置からイの位置まですべらないように回転させていきます。

このとき、点B は何cm 動きましたか。

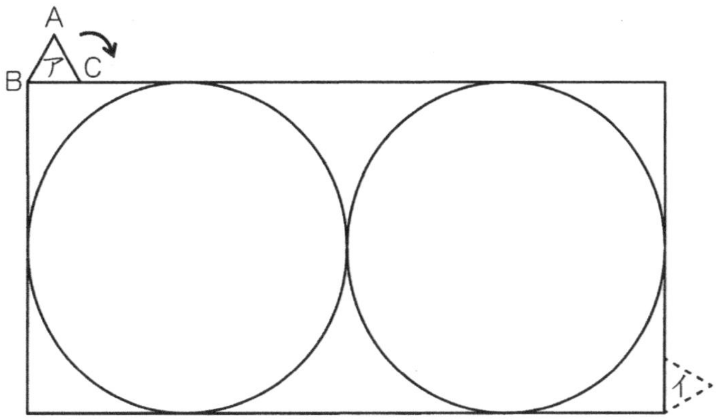

令和６年度 入学試験問題

英　　語

九州国際大学付属中学校

【注意事項】

1　開始合図のチャイムが鳴るまで、この問題用紙の中を見てはいけません。

2　開始合図のチャイムが鳴ったら、最初に解答用紙と問題用紙に受験番号・氏名を書きなさい。

3　開始合図のチャイムが鳴り終わるとリスニング問題が放送されます。放送の指示にしたがって問題を解きなさい。

4　試験時間は20分です。

5　解答はすべて、問題の指示にしたがって解答用紙に記入しなさい。

6　問題用紙で、印刷がはっきりしないところがあったら、静かに手をあげなさい。

7　答案ができあがっても、終了合図のチャイムが鳴るまで静かに着席していなさい。

受験番号				氏名	

※音声は収録しておりません

※ 1 はリスニング問題です。2～6 は筆記問題です。

1　次の問いに答えなさい。

問1　(1) から (4) の問いについて、それぞれ、ア、イ、ウの３つの英文が流れます。絵の内容を最もよく表しているものをア、イ、ウの中から１つ選び、記号で答えなさい。放送は２回読まれます。

(1)

(2)

(3)

(4)

問2　(1) から (6) の問いについて、英文や対話が流れます。それぞれの問いの答えとして最もふさわしいものを、ア、イ、ウの中から１つ選び、記号で答えなさい。放送は２回読まれます。

(1)　サトシとカオリはいつ映画に行きますか。

ア　金曜日　　**イ**　土曜日　　**ウ**　日曜日

(2)　ミキはどうやって学校に行きますか。

ア　徒歩　　**イ**　電車　　**ウ**　バス

（3） シンゴがレストランで注文するものはどれですか。

ア ピザ　　**イ** アイスクリーム　　**ウ** サラダ

（4） 何のスポーツについて説明していますか。

ア テニス　　**イ** サッカー　　**ウ** 野球

（5） 図書館はどこですか。

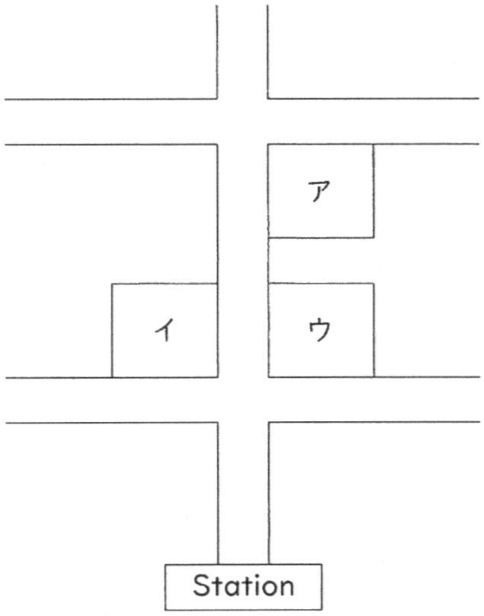

（6） クラスで、好きな飲み物についてアンケートをとりました。下の表は、その結果をまとめたものです。誰の好きな飲み物が、一番人気がありましたか。

順位	飲み物	人数
1	オレンジジュース	14人
2	牛乳	12人
3	お茶	6人

ア Nancy　　**イ** Alex　　**ウ** Chris

2 次の単語のグループには、なかまはずれの物が１つあります。その単語を見つけて、英語で書きなさい。

問１　　dog　　flower　　rabbit　　cat

問２　　summer　　fall　　winter　　exciting

3 ヒロ（Hiro）が日曜日の午前中にすることについて話しています。話の内容に合うものをア～エの中から３つ選び、ヒロがする順番に並べ替え、記号で答えなさい。

First, I listen to music.
Second, I read some books.
Third, I dance in my room.

Hiro

ア

イ

ウ

エ

問2	（4） This sport is exciting.　There are nine players in one team.　And players hit a ball. （5） Woman: Excuse me, where is the library? Man: We are at the station.　Go down this street, and turn left at the first corner. 　You'll see the library on your right. （6） Nancy likes tea.　Alex likes orange juice.　And Chris likes milk. これで、問2は終わりです。

説明	リスニングテストはこれで終わりです。 引き続き、筆記テストを解きなさい。

4　アヤ（Aya）とケンジ（Kenji）がお気に入りの場所について話をしています。どこについて話をしているか、下から１つずつ選び、英語で書きなさい。

We can see a lot of animals there.

Aya

Kenji

We can eat our favorite food.

museum	restaurant	library	zoo

5　レイコ（Reiko）が好きな曜日について話しています。レイコの話と時間割表を参考にして、（　　　）に入る曜日を、英語で書きなさい。

I like (　　　　　).
I have a science and social studies class
in the morning.
After lunch, I have a music class.

Reiko

	月	火	水	木	金
1	算数	英語	社会	国語	理科
2	国語	算数	理科	体育	国語
3	美術	社会	体育	英語	社会
	昼食				
4	理科	体育	国語	算数	美術
5	音楽	理科	音楽	社会	算数

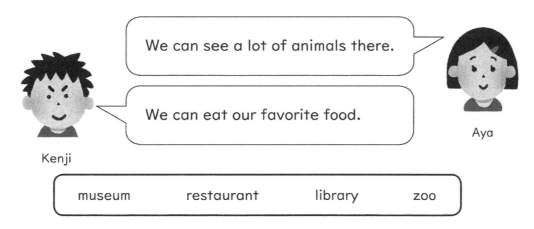

6 次の英文は、ボブ（Bob）が「好きなもの」について発表したものです。これを読んで、あとの問いに答えなさい。

My Favorite

I am Bob. I like baseball. Baseball is exciting. I practice baseball every Sunday, Tuesday, and Thursday. I (①) to the park to play baseball. I often (②) baseball games on TV.

問1 （ ① ）と（ ② ）に入る英語を下からそれぞれ1つずつ選び、英語で書きなさい。

eat　　watch　　drink　　practice　　go

問2 ボブが野球の練習をする曜日を、すべて日本語で書きなさい。

※音声は収録しておりません

2023　英語　入試　リスニング問題　スクリプト

説明	これから、英語リスニング問題を始めます。問題冊子の１ページ目を開きなさい。放送中にメモを取っても構いません。

問１	問１。（１）から（４）の問いについて、それぞれア、イ、ウの３つの英文が流れます。絵の内容を最もよく表しているものを、ア、イ、ウの中から１つ選び、記号で答えなさい。放送は２回読まれます。 （１） ア Today is August 15. イ Today is September 15. ウ Today is October 15. （２） ア　Ken is eating lunch. イ　Ken is cleaning the kitchen. ウ　Ken is cooking lunch. （３） ア The T-shirt is two dollars. イ The T-shirt is twelve dollars. ウ The T-shirt is twenty dollars. （４） ア My mother works in a restaurant. イ My mother works in a hospital. ウ My mother works in a library. これで、問１は終わりです。

問２	問２。（１）から（６）の問いについて、英文や対話が流れます。それぞれの問いの答えとして最もふさわしいものを、ア、イ、ウ の中から１つ選び、記号で答えなさい。放送は２回読まれます。 （１） Satoshi: Hi, Kaori.　Are you free this Saturday?　How about watching a movie? Kaori: Yes, I want to go. （２） Takuya: I go to school by bus every day. Miki, how about you? Miki: I walk to school with my sister. （３） Yumi: Let's go to a new restaurant, Shingo? Shingo: Good! I want to eat pizza. How about you? Yumi; I want to eat salad.

令和６年度 入学試験問題

理　科

九州国際大学付属中学校

【注意事項】

1　開始合図のチャイムが鳴るまで、この問題用紙の中を見てはいけません。

2　開始合図のチャイムが鳴ったら、最初に解答用紙と問題用紙に受験番号・氏名を書きなさい。

3　試験時間は30分です。

4　解答はすべて、問題の指示にしたがって解答用紙に記入しなさい。

5　問題用紙で、印刷がはっきりしないところがあったら、静かに手をあげなさい。

6　答案ができあがっても、終了合図のチャイムが鳴るまで静かに着席していなさい。

受験番号				氏名	

1 昆《こん》虫とメダカが卵から成長するようすについて、次の問いに答えなさい。

問１ 次の図は、モンシロチョウとショウリョウバッタが卵から成虫まで育つようすをまとめたものです。

（あ）モンシロチョウ

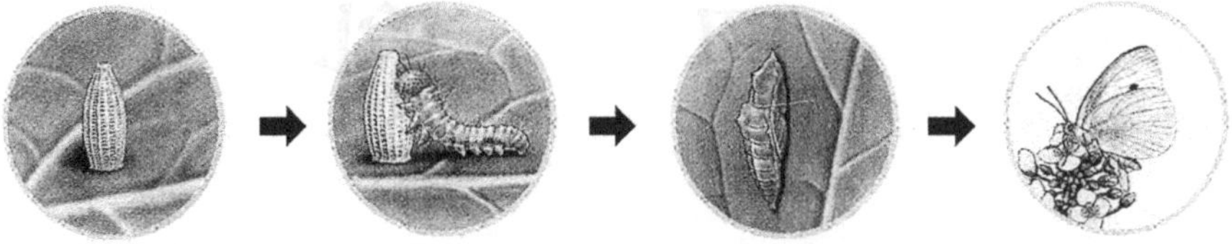

卵　幼虫　?　成虫

（い）ショウリョウバッタ

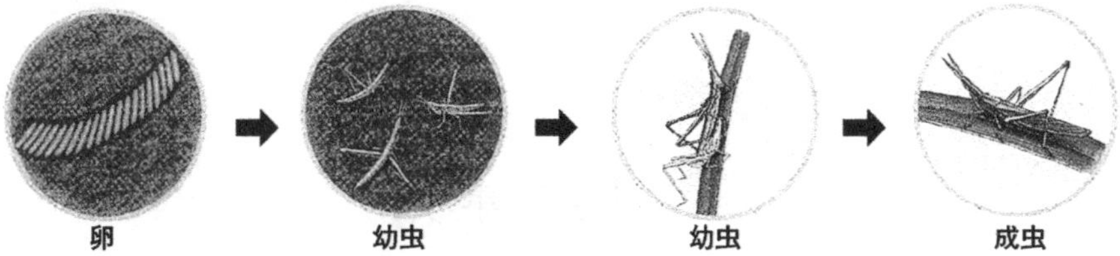

卵　幼虫　幼虫　成虫

（１） ショウリョウバッタの卵はどこに産みつけられますか。次の**ア**～**エ**の中から１つ選び、記号で答えなさい。

ア キャベツの葉の裏側　　**イ** ススキの葉の裏側
ウ 土の中　　**エ** 川の水の中

（２） モンシロチョウはショウリョウバッタと違って、図中の幼虫→成虫の間に、特別な体になります。これは何と呼ばれますか。

（３） モンシロチョウのように、（２）の体になって育つ昆虫には○を、（２）の体にならずに育つ昆虫には×をつけなさい。

① シオカラトンボ
② アゲハ
③ カブトムシ

（４） モンシロチョウやショウリョウバッタはくり返しあることをして大きくなります。何をして大きくなりますか。簡単に答えなさい。

問２　国子さんは、教室の水そうでメダカを飼《か》い、メダカの卵の育ち方を観察しました。

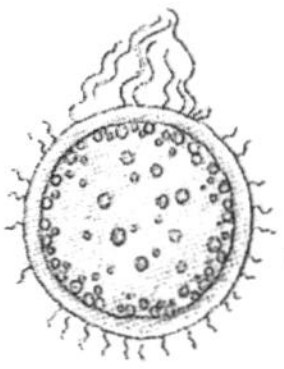

＜１日目＞
あわのようなものが全体に散らばっている。

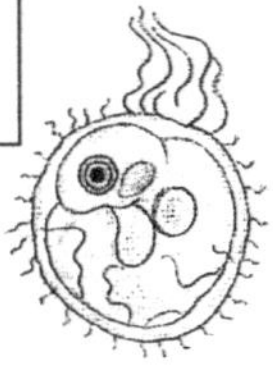

＜４日目＞
心ぞうが動き、血液の流れが見られるようになる。

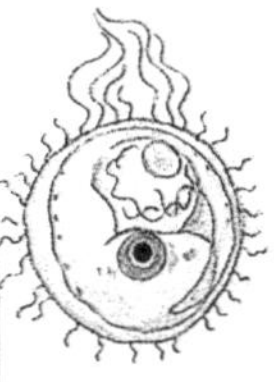

＜７日目＞
心ぞうや血液の流れがよくわかる。卵の中で体が動いた。

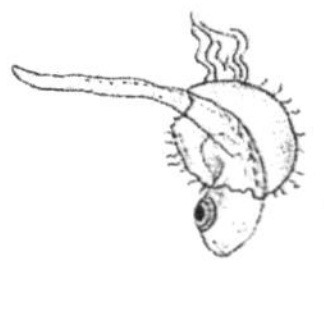

＜１１日目＞
卵のまくをやぶって出てくる。

（１）　次の**ア**～**オ**の中から、メダカの飼い方を正しく説明した文を１つ選び、記号で答えなさい。

ア　卵をよく産むように、めすだけを水そうに入れる。
イ　卵が観察しやすいように、水草は入れない。
ウ　エサは、食べ残しが出てもいいので十分に与える。
エ　水そうの水は、くみ置きの水道水や池の水を使う。
オ　水そうは、直射日光の当たらない暗いところに置く。

（２）　メダカの卵を観察するときは、右の図のような双《そう》眼実体顕微《けんび》鏡を使います。双眼実体顕微鏡はどのようなものを観察するのによいですか。下にある 例）以外の答えを、簡単に書きなさい。

例）小さなものを大きくして観察するのによい。

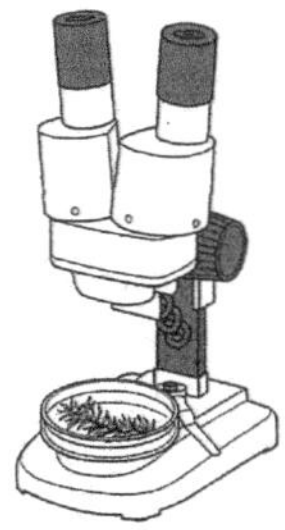

（３）　めすが産んだ卵におすが出した精子が結びつくと、卵の中で変化が始まります。卵と精子が結びつくことを何といいますか。

（４）　１１日目に卵から出てきた子メダカは、しばらくの間、どのようにして育ちますか。子メダカの体の特徴を参考にして、簡単に答えなさい。

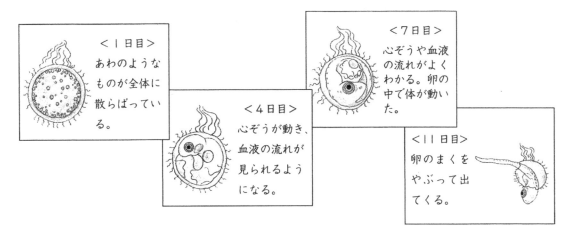

2　ものの燃え方について、次の問いに答えなさい。

問1　空気中の気体について調べると、空気は、ちっ素、酸素、二酸化炭素などの気体からできていることがわかりました。

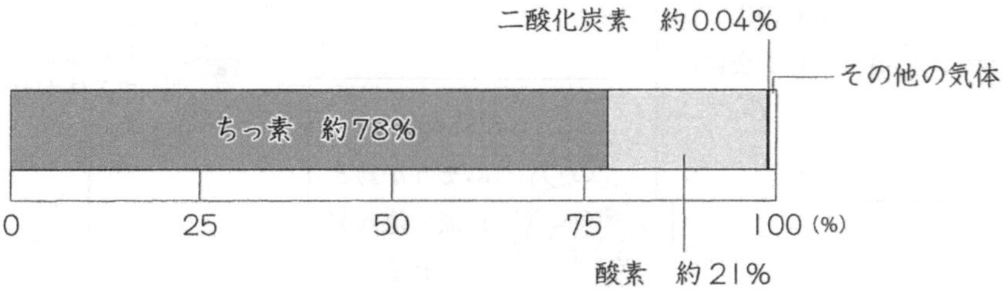

＜**実験1**＞

図1のように、酸素をびんに集めました。そして、**図2**のように、火のついたろうそくを、酸素を集めたびんの中に入れて、ろうそくが燃えるか観察しました。

図1

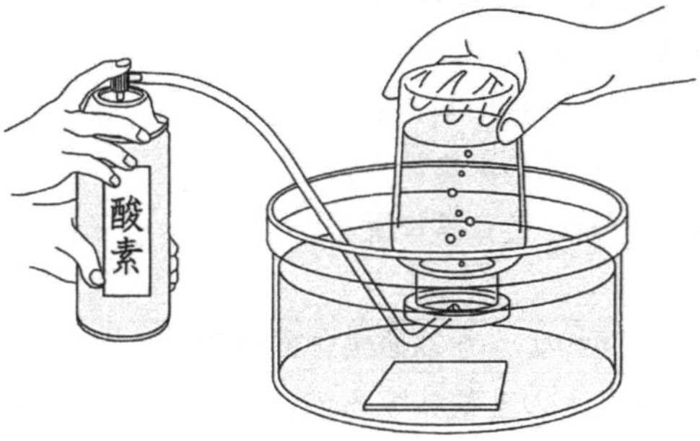

図2

（1）**図2**のびんの中の火のついたろうそくの様子を、次の**ア**～**エ**の中から選び、記号で答えなさい。また、ちっ素と二酸化炭素で同様の実験を行ったとき、それぞれ火のついたろうそくがどのようになるか、次の**ア**～**エ**の中から選び、記号で答えなさい。

ア　そのまま燃え続けた。
イ　そのまま燃えて、やがて消えた。
ウ　炎が大きくなって明るくなり、やがて消えた。
エ　すぐに消えた。

（2）（1）から、どのようなことがわかりますか。次の文の（　　）の中に当てはまる気体の名前を答えなさい。

「空気中でろうそくが燃えるのは、空気中に（　　　）があるからである。」

問2　九太郎くんは、ろうそくが燃える前と燃えた後の空気がどのように変化するかを調べました。

＜実験２＞

火のついたろうそくをびんの中に入れ、ふたをすると、ろうそくの火はしばらくして消えました。ろうそくが燃えた後のびんに、もう一度火のついたろうそくを入れると、今度はすぐに火が消えました。

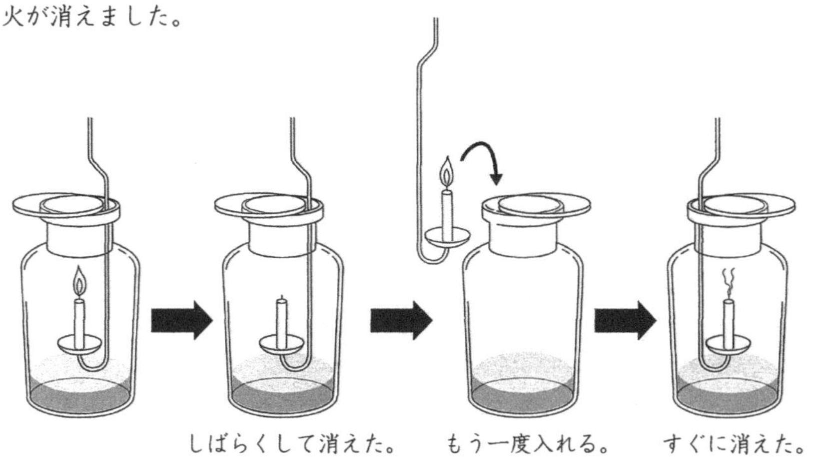

― 気体検知管で調べる ―

ろうそくが燃える前と燃えた後のびんの中の酸素と二酸化炭素の体積の割合を気体検知管で調べました。下のグラフは、ろうそくが燃えた後のびんの中の気体の割合を表したものです。

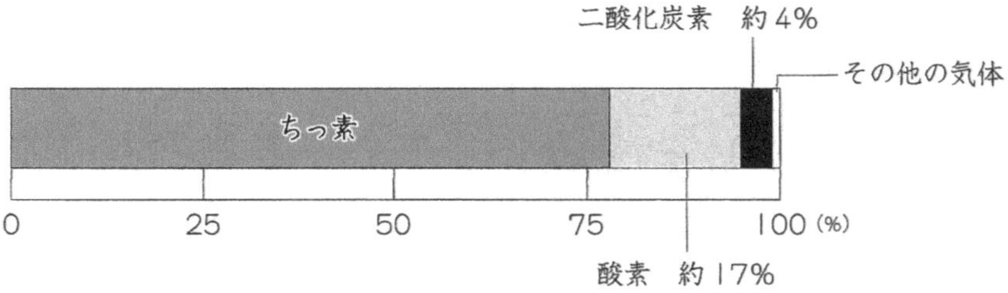

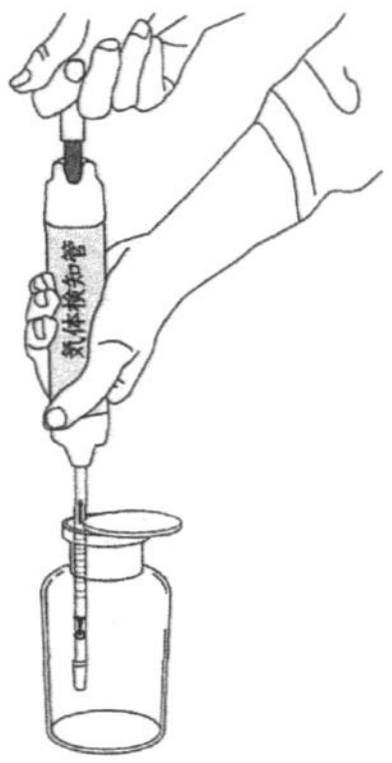

＜**実験２**＞から、どのようなことがわかりますか。次の文の（　　）の中に当てはまる気体の名前を答えなさい。

「ろうそくなどのものが燃えると、空気中の（　①　）が減り、（　②　）が増える。」

問3　九太郎くんは、ろうそくが燃えた後のびんの中に、もう一度火のついたろうそくを入れると、すぐに火が消えた理由を考えました。

＜実験3＞

ちっ素、酸素、二酸化炭素の割合をいろいろ変えたびんの中に、火のついたろうそくを入れ、ろうそくが燃えるか観察しました。

気体の割合	燃えたかどうか
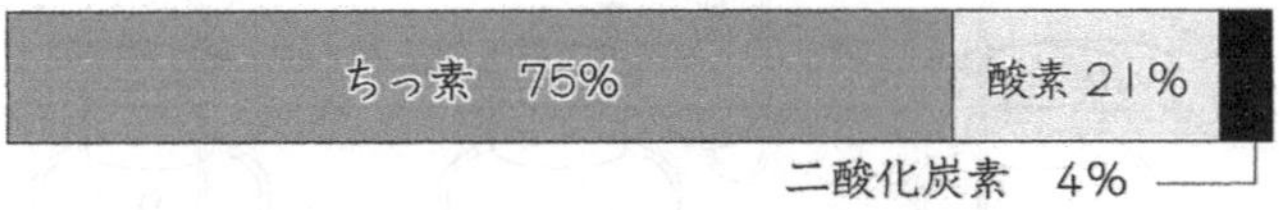	○
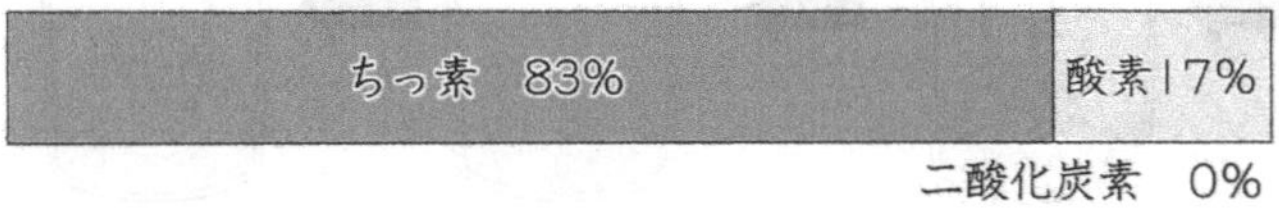	×
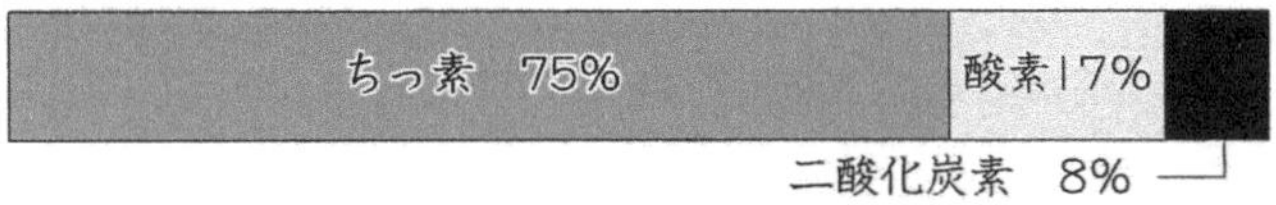	×

これまでの実験の結果から、ろうそくの火が消えた理由を、次の**ア**～**オ**の中から選び、記号で答えなさい。

ア　酸素がすべてなくなったから。
イ　酸素が減ったから。
ウ　二酸化炭素が増えたから。
エ　酸素が二酸化炭素に変わったから。
オ　酸素よりも二酸化炭素の方が多くなったから。

3　星について、次の問いに答えなさい。

問1　九太郎くんは、「星座早見」を使って、はくちょう座を調べました。

―「星座早見」の使い方―

「星座早見」の内側の時刻板を回して月・日と時刻を合わせると、その時に見える星座のおよその位置がわかる。

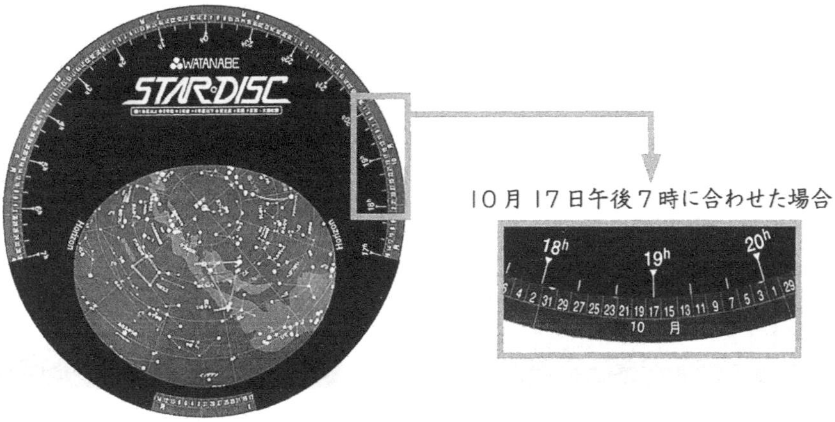

10月17日午後7時に合わせた場合

(1)　九太郎くんは西の方角に向かって立ち、「星座早見」を持ち上げて西の空を調べます。「星座早見」の正しい持ち方はどれですか。次の**ア**～**エ**の中から選び、記号で答えなさい。

ア

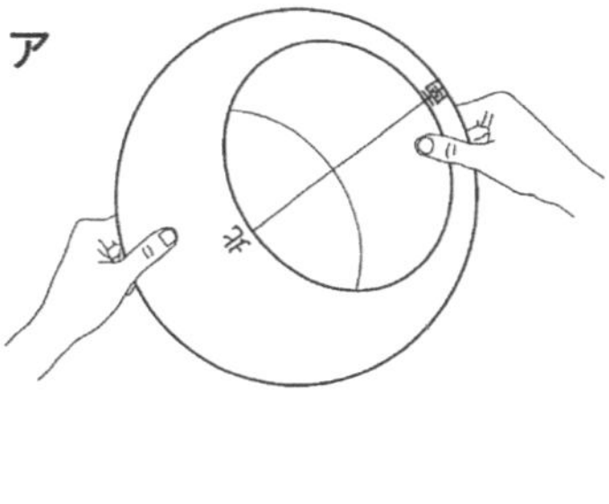

イ

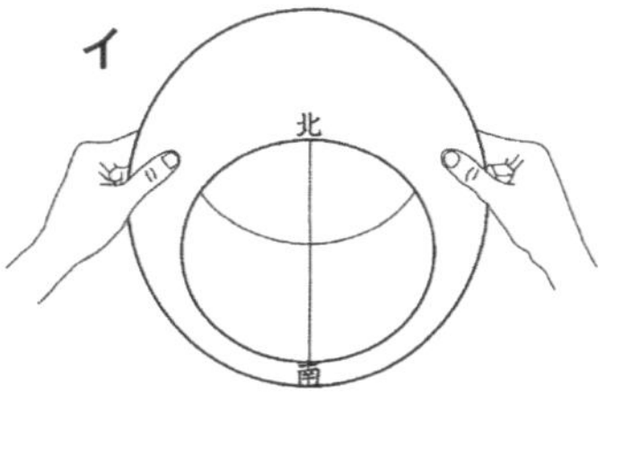

ウ

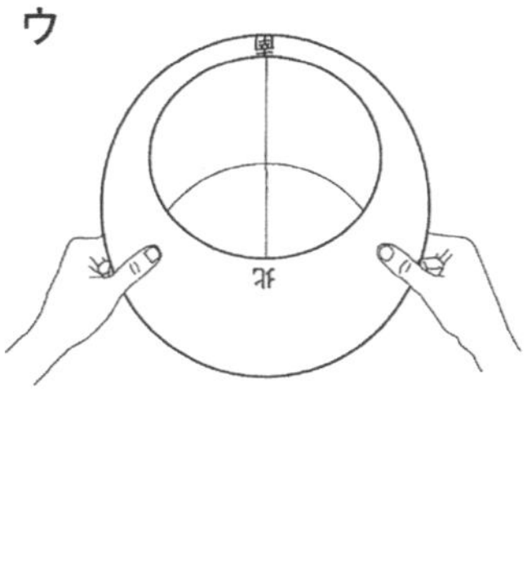

エ

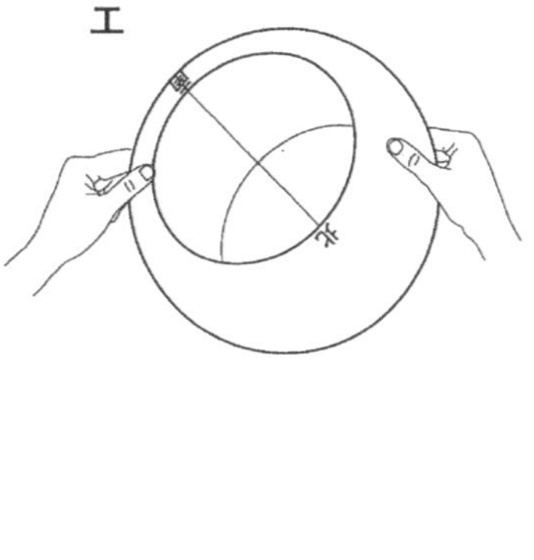

（2）　１０月１７日の西の空を調べ、はくちょう座についてわかったことをまとめました。次の文の（　　　）の中に当てはまる言葉を入れて文章を完成させなさい。

午後７時

午後９時

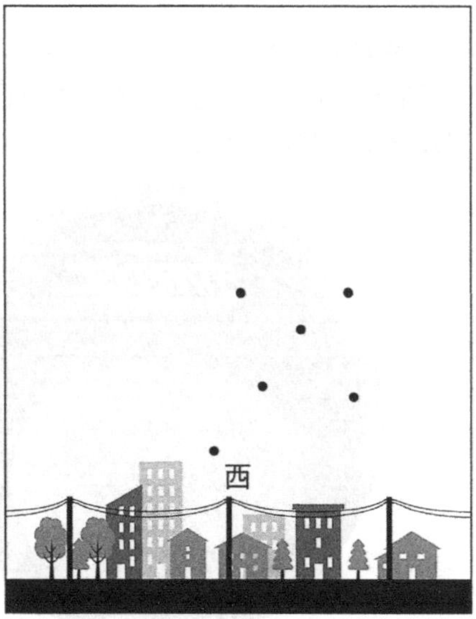

（わかったこと）
午後７時と午後９時の記録から、はくちょう座について、
・星の位置は（　①　）。
・星のならび方は（　②　）。

問2　日本のある地点で季節ごとに見える星座を、「星座早見」で調べました。下の４つの図は、それぞれの季節の午後１０時に見える星座の一部をかいた「星座早見」のようすです。

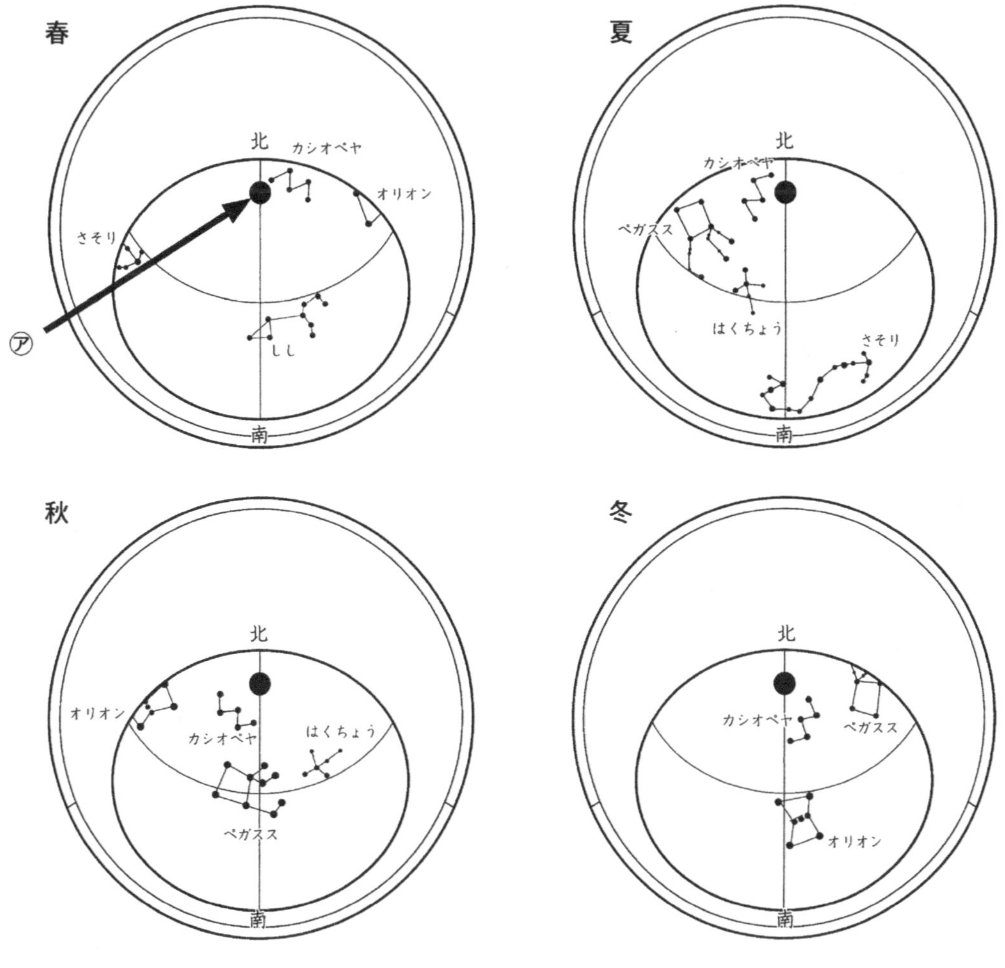

（１）「星座早見」の中心にある㋐の星を何といいますか。この星の名前を答えなさい。

（２）九太郎くんは４つの図の「星座早見」からわかることを説明しました。次の①～③について、正しいものには○、まちがっているものには×をつけなさい。

① 季節を代表する星座は、午後１０時に北の空に見える。
② 季節が変わっても、午後１０時にカシオペヤ座はいつも見える。
③ 季節が変わると、星座は㋐の星を中心に時計回りに移動する。

4 ふりこの動き方について、次の問いに答えなさい。

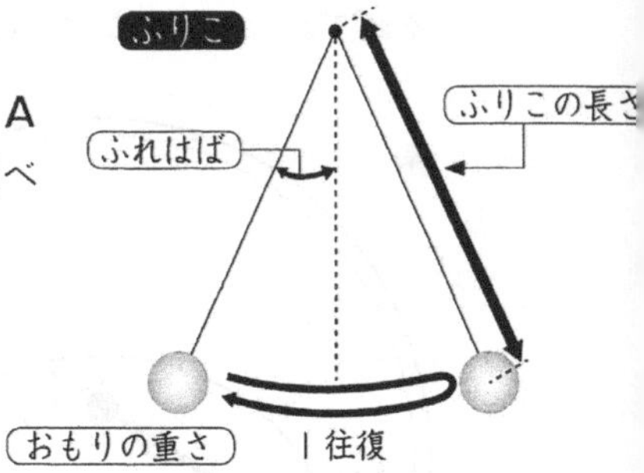

問1 「ふれはば」、「ふりこの長さ」、「おもりの重さ」を変えて、A～Gの7種類のふりこを作り、ふりこが1往復する時間を調べました。**図1**は、結果を書き込んでまとめたものです。

図1

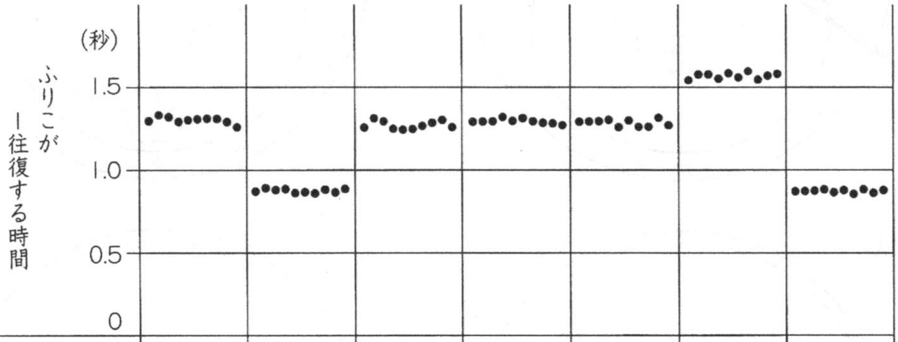

ふりこの種類	A	B	C	D	E	F	G
「ふれはば」	10°	20°	30°	10°	20°	20°	30°
「ふりこの長さ」	40cm	20cm	40cm	40cm	40cm	60cm	20cm
「おもりの重さ」	50g	10g	90g	10g	50g	10g	90g

(1) ふりこが1往復する時間が、「ふれはば」によって変わるかを調べます。このとき、どのふりことどのふりこを比べればよいですか。**図1**の**A**～**G**の中から選び、記号で答えなさい。

(2) ふりこが1往復する時間が、「おもりの重さ」によって変わるかを調べます。このとき、どのふりことどのふりこを比べればよいですか。**図1**の**A**～**G**の中から選び、記号で答えなさい。

(3) ふりこが1往復する時間は、「ふれはば」、「ふりこの長さ」、「おもりの重さ」のどの条件によって変わることが分かりますか。

(4) **図1**を見ると、どの条件の場合も10回ずつ調べていることが分かります。10回ずつ調べた理由を、簡単に答えなさい。

問2　メトロノームは、楽器を演奏するときに曲の速さを正確に示すための道具で、1分間にふれる回数を変えることができます。

　右の図のメトロノームで、1分間にふれる回数を多くするには、どの部分をどのようにすればよいですか。次の**ア**～**カ**の中から1つ選び、記号で答えなさい。

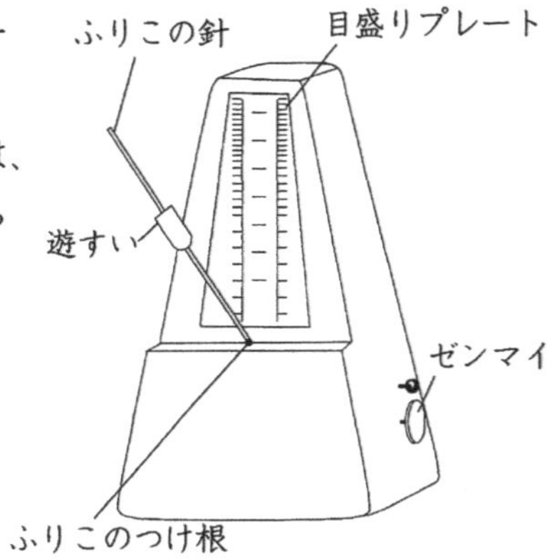

ア　遊すいを重くする。
イ　ふりこの針のふれはばを大きくする。
ウ　遊すいからふりこのつけ根までの長さを長くする。
エ　遊すいを軽くする。
オ　ふりこの針のふれはばを小さくする。
カ　遊すいからふりこのつけ根までの長さを短くする。

令和６年度 入学試験問題

社　会

九州国際大学付属中学校

【注意事項】

1　開始合図のチャイムが鳴るまで、この問題用紙の中を見てはいけません。

2　開始合図のチャイムが鳴ったら、最初に解答用紙と問題用紙に受験番号・氏名を書きなさい。

3　試験時間は30分です。

4　解答はすべて、問題の指示にしたがって解答用紙に記入しなさい。

5　問題用紙で、印刷がはっきりしないところがあったら、静かに手をあげなさい。

6　答案ができあがっても、終了合図のチャイムが鳴るまで静かに着席していなさい。

受験番号				氏名	

1　次の問いに答えなさい。

(A) 次の地図を見て、あとの問いに答えなさい。

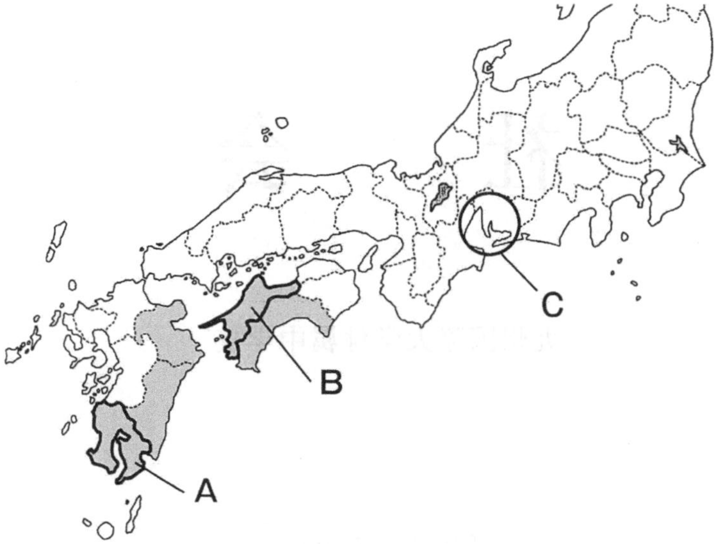

(浜島書店白地図より作成)

問１　地図中のＡの県名を答えなさい。

問２　地図中のＢの県庁所在地名を答えなさい。

問３　地図中の　　の県は、養殖《ようしょく》のブリの生産量が上位の県を示しています。ブリの養殖が盛んな地域は、暖流《だんりゅう》の通り道に近いため、冬でも水温が暖かく、ブリにとって住みやすい環境だそうです。これらの地域のブリの養殖に影響《えいきょう》を与えている海流の名前を、次の**ア**～**エ**から選び、記号で答えなさい。

ア　リマン海流　　**イ**　親潮（千島海流）　　**ウ**　黒潮（日本海流）　　**エ**　対馬海流

問４　地図中の円**Ｃ**で囲んだ地域の工業地帯の名前を答えなさい。また、この工業地帯の工業生産の様子を示したものを、次の**ア**～**エ**のグラフから選び、記号で答えなさい。

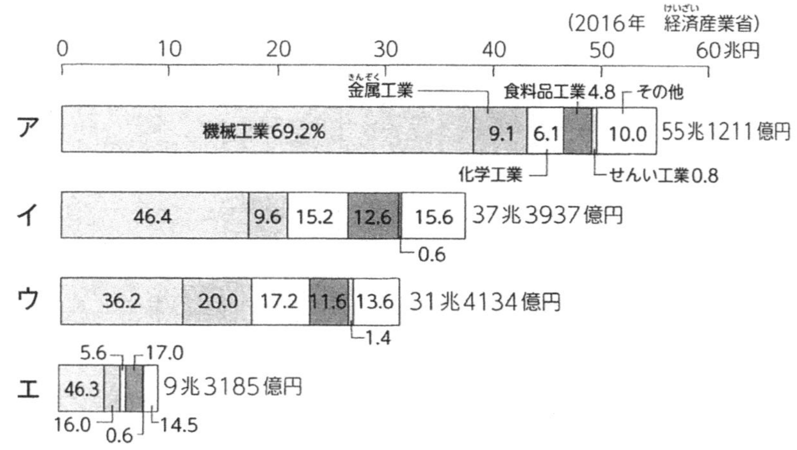

⮉工業地帯・工業地域別の工業生産額《がく》

問５　次の資料は、日本のエネルギー消費量の割合の変化を示しています。この資料を参考に、日本のエネルギーについて述べた文として、**あやまっているもの**を**ア**～**エ**から１つ選び、記号で答えなさい。

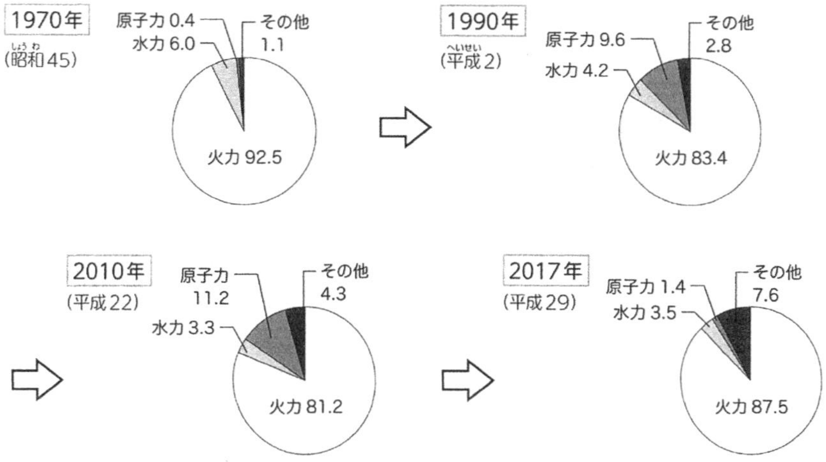

⮉日本のエネルギー消費《しょうひ》量の割合《わりあい》の変化(資源《しげん》エネルギー庁《ちょう》)

ア　日本の発電は、火力発電が中心である。

イ　火力、水力、原子力発電以外の発電方法の割合が増えてきている。

ウ　日本では、1970年から2017年の間、火力発電の割合は減り続けている。

エ　2011年の事故の影響で、2017年の原子力発電の割合が大きく減少している。

(B) 次の問いに答えなさい。

問1　2024 年、フランスのパリでオリンピックが開かれます。地図中の**ア**～**エ**の中から、フランスの位置を選び、記号で答えなさい。

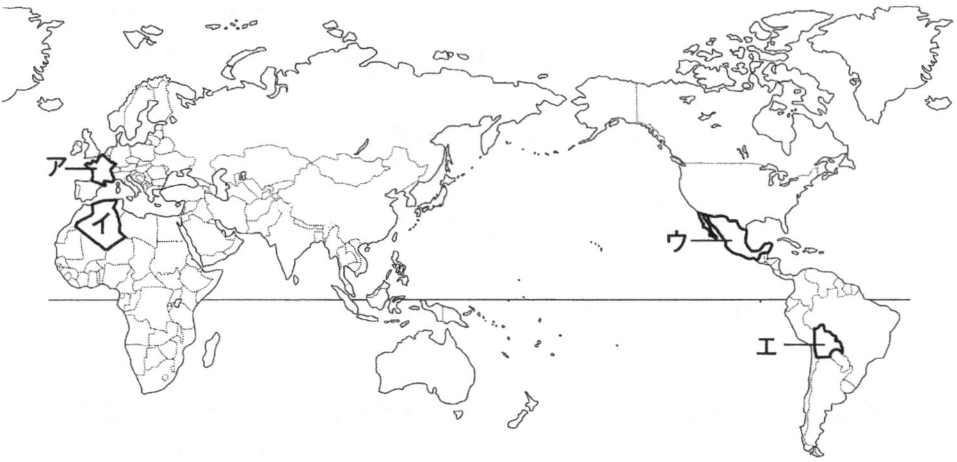

(浜島書店白地図より作成　地図中の直線は赤道を示している)

問2　南半球にある国を、次の**ア**～**エ**から１つ選び、記号で答えなさい。

ア　大韓民国　　**イ**　アルゼンチン　　**ウ**　インド　　**エ**　サウジアラビア

2024(R6) 九州国際大学付属中
K 教英出版

問3　日本とアメリカの貿易について示したグラフを説明した内容としてふさわしいものを、次の**ア**～**エ**から選び、記号で答えなさい。

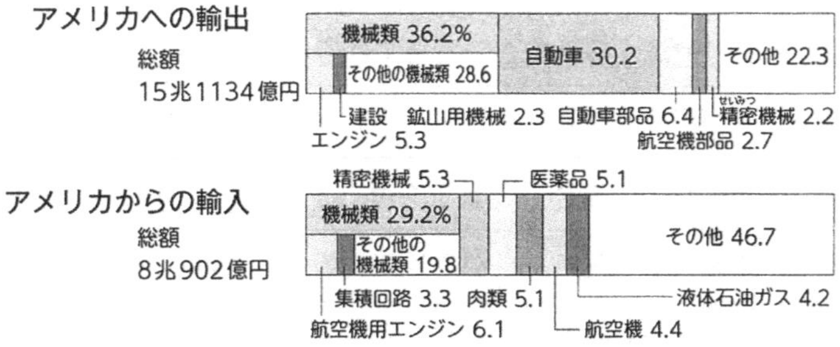

⊙ 日本とアメリカの貿易（2017年　財務省）

ア　アメリカは自動車産業が盛んなので、日本への輸出の割合が多い。

イ　日本からアメリカに集積回路を輸出している。

ウ　日本は、航空機部品を輸入し、航空機をアメリカに輸出している。

エ　日本は、アメリカとの貿易で黒字となっている。

2　次の年表を見て、あとの問いに答えなさい。

時　代	できごと
縄　文	狩りや漁・採集をおこなって暮らす ……………………………… ①
弥　生	米づくりがはじまった ……………………………………………… ②
古　墳	豪族たちは連合し、大王を中心として □ という政府をつくった …… ③
飛　鳥	聖徳太子（厩戸王《うまやどのおう》）が政治の改革をすすめた ………………………… ④
奈　良	東大寺に大仏がつくられた ………………………………………… ⑤
平　安	天皇に代わって政治を動かす貴族が現れた ……………………… ⑥
鎌　倉	源頼朝が幕府をひらいた……………………………………………… ⑦
室　町	観阿弥《かんあみ》・世阿弥《ぜあみ》の父子が能を完成させた …………………………… ⑧
安土桃山	全国統一への動きが高まった ……………………………………… ⑨
江　戸	江戸幕府による政治がおこなわれる ……………………………… ⑩

問１　年表中の①について、次の**ア**～**エ**の中から、縄文時代に使われた道具としてふさわしいものを選び、記号で答えなさい。

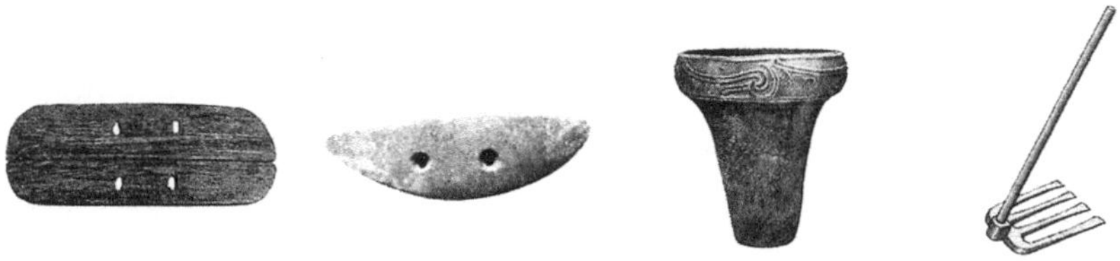

ア　　**イ**　　**ウ**　　**エ**

問２　年表中の②について、弥生時代の米づくりの説明として正しいものを、次の**ア**～**エ**から選び、記号で答えなさい。

ア　かり取った稲《いね》の穂《ほ》を書院造の建物に保存した。
イ　板付《いたづけ》遺跡《いせき》（福岡県）には今から2300年前の水田のあとが見つかっている。
ウ　冬から春にかけて、湿地《しっち》を耕して水田をつくった。
エ　遣隋使《けんずいし》や遣唐使《けんとうし》によって米づくりの技術が伝えられた。

2024(R6) 九州国際大学付属中
教英出版

令和6年度
入試解答用紙

国語

九州国際大学
付属中学校

受験番号

氏名

得点

※100点満点
（配点非公表）

一

問一 ⓐ ⓑ ⓒ ⓓ ⓔ

問二 A B C

問三

問四

問五

問六 あ い

問七

問八

二

問一 ⓐ（めて） ⓑ ⓒ（した） ⓓ ⓔ（めた）

問二 ① ⑥ ⑦

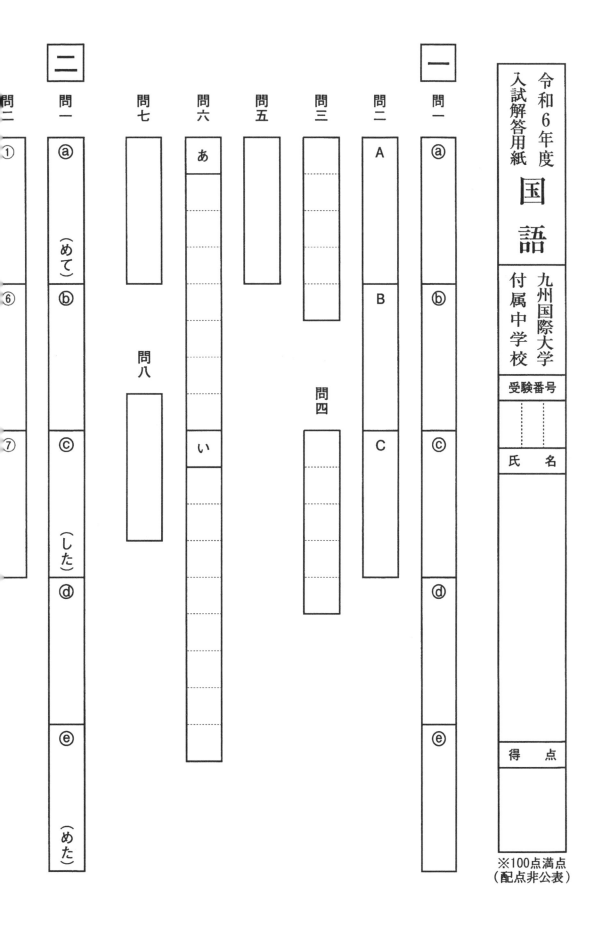

)	cm	(2)	cm^3
3)	cm^2	(4)	cm^2

)		(2)	個
3)		(4)	個

)	毎分 km	(2)	分間
3)	午前 時 分	(4)	分間
5)	分後		

)	cm	(2)	cm

令和6年度 入試解答用紙

算数

九州国際大学付属中学校

受験番号

氏名

得点

※100点満点（配点非公表）

令和6年度
入試解答用紙

英語

九州国際大学
付属中学校

受験番号

氏名

得点

※20点満点
（配点非公表）

ya

Kenji

1 ① ②

2

令和6年度
入試解答用紙
理科

九州国際大学
付属中学校

受験番号	
氏名	
得点	

※50点満点
（配点非公表）

1	(1)			
	(2)	①	②	
2	(1)			
	(2)	①	②	③

1	(1)	と	(2)	と
	(3)			
	(4)			
2				

令和6年度
入試解答用紙

社会

九州国際大学付属中学校

受験番号

氏名

得点

※50点満点
（配点非公表）

問9	（1）		（2）		（3）	
問10						
問11	→ → →					

A）

問1		問2	
問3			

B）

問1	
問2	
	【理由】

1

(A)

問1	県	問2	市
問3			
問4	工業地帯	(記号)	
問5			

(B)

問1		問2	
問3			

2

問1		問2	
問3		問4	
問5		問6	
問7	(1)	(2)	
問8			

1

問1	(1)			(2)	
	(3)	①	②		③
	(4)				
問2	(1)				
	(2)				
	(3)				
	(4)				

2

問1	(1)	酸素	ちっ素	二酸化炭素
	(2)			
問2	①		②	
問3				

1

問1

(1)		(2)		(3)	
(4)					

問2

(1)		(2)		(3)	
(4)		(5)		(6)	

2

問1

問2

3

→ →

1

(1)		(2)	
(3)		(4)	
(5)		(6)	
(7)	cm	(8)	cm^2
(9)	cm^3	(10)	度

2

(1)		円	(2)		点
(3)	①		②		円
(4)		個	(5)		個
(6)	①	冊	②	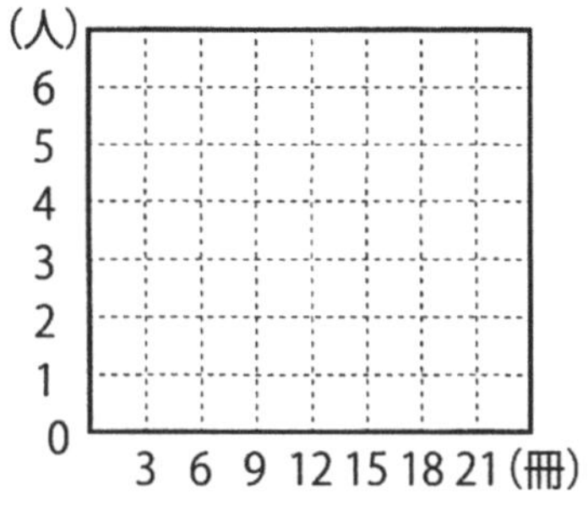	

問三

問四
A
B
C

問五
1
2

問六
あ
い

問七
1
2

三

問一
①
②
③

問二
① (1) (2)
③ (1) (2)
② (1) (2)

問三
① (1) (2) 画
③ (1) (2) 画
② (1) (2) 画
④ (1) (2) 画

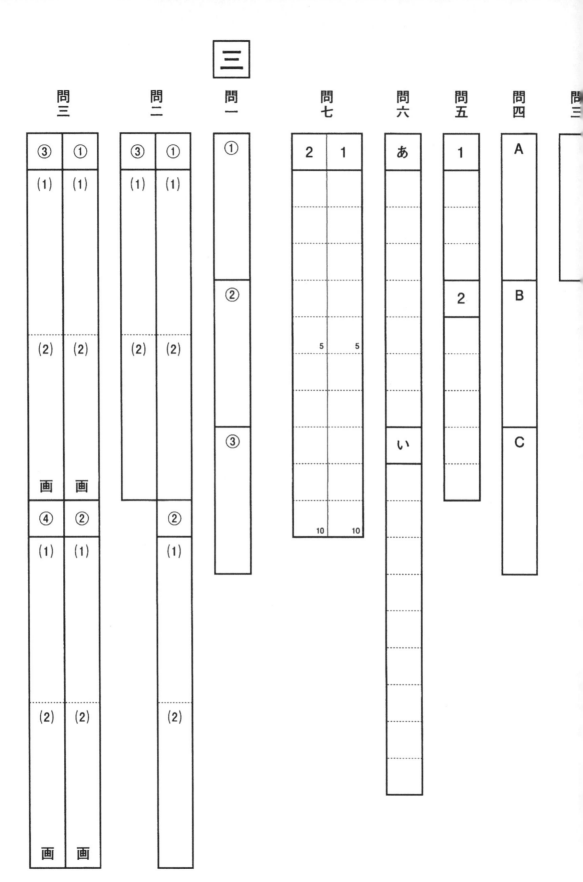

問3　年表中の③について、[　　] にあてはまる語句を答えなさい。

問4　年表中の④について、聖徳太子が定めた、**【資料】** が示すきまりごとを何といいますか。

【資料】

第一条　　人の和を大切にしなさい。
第二条　　仏の教えを厚く敬《うやま》いなさい。
第三条　　天皇の命令には、必ず従いなさい。

問5　年表中の⑤について、次の**ア**～**エ**の中から、ため池や道路・橋などをつくる土木工事をおこなって人々から信頼をえて、大仏づくりにも協力した人物を選び、記号で答えなさい。

ア　行基

イ　鑑真

ウ　雪舟

エ　聖武天皇

問6　年表中の⑥について、次の**ア**～**エ**の中から、「この世をば わが世とぞ思う もち月の欠けたることも なしと思えば」という和歌をよみ、自分の権力の大きさを表現した人物を選び、記号で答えなさい。

ア　藤原鎌足　　**イ**　藤原道長　　**ウ**　藤原頼通　　**エ**　藤原純友

問７　年表中の⑦について、（１）・（２）に答えなさい。

（１）次の地図中の**ア**～**カ**の中から、１１８５年に源氏が平氏を破《やぶ》り滅《ほろ》ぼした戦いの場所を選び、記号で答えなさい。

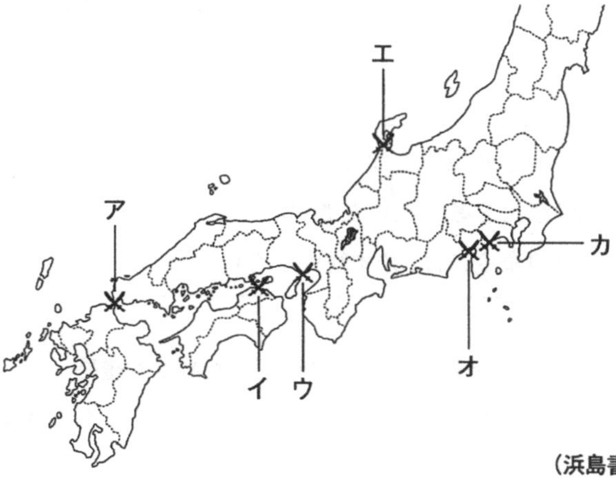

（浜島書店白地図より作成）

（２）次の**ア**～**エ**の中から、平氏との戦いに勝った源頼朝が全国を支配するために置いた役職のうち、村で年貢《ねんぐ》の取り立てや犯罪の取り締まりをする役職名を選び、記号で答えなさい。

ア　守護　　**イ**　地頭　　**ウ**　執権　　**エ**　征夷大将軍

問８　右の写真は年表中の⑧と同じころ、当時の日常の言葉を使ってこっけいな動作やせりふで人々を楽しませ、能《のう》の合間に演じられたものです。これを何といいますか。次の**ア**～**エ**から選び、記号で答えなさい。

ア　盆《ぼん》おどり　　**イ**　猿楽《さるがく》
ウ　歌舞伎《かぶき》　　**エ**　狂言《きょうげん》

問９　年表中の⑨について、下の**ア**～**エ**の中から、安土桃山時代から江戸時代にかけて次の（１）～（３）をおこなった人物をそれぞれ選び、記号で答えなさい。

（１）征夷大将軍に任命され、幕府を開き、安定した政治をめざした。
（２）刀狩令《かたながりれい》を出して百姓から武器を取り上げ、一揆《いっき》を起こさないようにした。
（３）力をもっていた仏教勢力を武力でおさえ、商工業をさかんにすることに力を入れた。

ア　徳川家康　　**イ**　織田信長　　**ウ**　今川義元　　**エ**　豊臣秀吉

問10　年表中の⑩について、次の**ア～エ**の中から、江戸時代に行われた政治の内容として**あやまっているもの**を選び、記号で答えなさい。

ア　江戸幕府は、全国の２００以上の大名を、親藩《しんぱん》・譜代《ふだい》・外様《とざま》に区別して支配した。

イ　武家諸法度《ぶけしょはっと》というきまりを定めて、大名が領地と京都を１年おきに行き来する参勤交代をおこなった。

ウ　確実に年貢《ねんぐ》をおさめさせる工夫として、百姓《ひゃくしょう》に五人組をつくらせ共同で責任を負わせた。

エ　中国とオランダの商人に限り、長崎での貿易を認めた。

問11　次の**ア～エ**は、明治時代から昭和時代にかけての出来事です。この出来事を古い順番に並べなさい。

ア　日米安全保障条約を結ぶ

イ　大日本帝国憲法が発布される

ウ　日本が第一次世界大戦に参戦する

エ　広島・長崎に原子爆弾が落とされる

3 次の問いに答えなさい。

(A) 次の図は、日本国憲法の三原則を表したものです。これを見て、あとの問いに答えなさい。

【図】

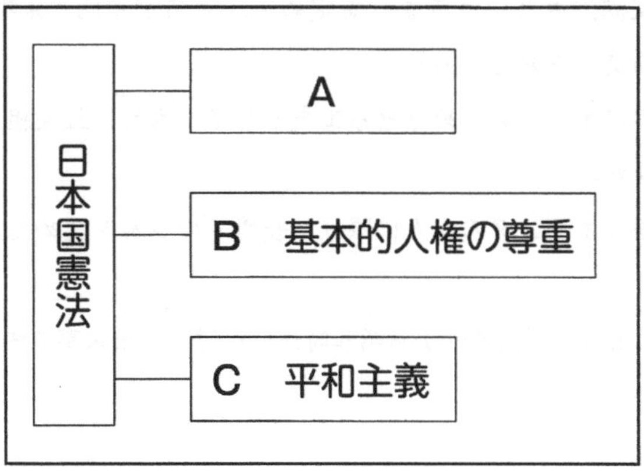

問1　図中のAにあてはまる語句を答えなさい。

問2　図中のBに関して、次の**ア～オ**の中から、国民の権利に**あてはまらないもの**を選び、記号で答えなさい。

ア　税金を納める
イ　裁判を受ける
ウ　健康で文化的な生活を送る
エ　教育を受ける
オ　政治に参加する

問3　図中のCに関して、次の**ア～エ**の中から、自衛隊の主な役割に**あてはまらないもの**を選び、記号で答えなさい。

ア　大きな災害が起こったときに、現地で救援や救助活動を行う。
イ　犯人を逮捕する。
ウ　国の平和と安全を守る。
エ　国際社会の平和や安定に向けた活動に取り組む。

(B) 国会には、衆議院と参議院があります。

問１　次の**ア**～**エ**の中から、国会の仕事を**２つ**選び、記号で答えなさい。

ア　法律を制定する。
イ　天皇の国事行為に助言や承認をあたえる。
ウ　法律が憲法に違反していないかどうか判断する。
エ　予算や条約の承認をする。

問２　次の表は、どちらかの議院の選挙の投票率の推移《すいい》を表したものです。どちらの議院のものかを答えなさい。また、選んだ理由を答えなさい。

【表】

ある議院の選挙の投票率の推移	
平成 7 (1995) 年	44.52%
平成 10 (1998) 年	58.84%
平成 13 (2001) 年	56.44%
平成 16 (2004) 年	56.57%
平成 19 (2007) 年	58.64%
平成 22 (2010) 年	57.92%
平成 25 (2013) 年	52.61%
平成 28 (2016) 年	54.70%
令和 元 (2019) 年	48.80%
令和 4 (2022) 年	52.05%

(総務省ホームページより作成)

令和５年度　入学試験問題

国　　語

九州国際大学付属中学校

【注意事項】

1　開始合図のチャイムが鳴るまで、この問題用紙の中を見てはいけません。

2　開始合図のチャイムが鳴ったら、最初に解答用紙と問題用紙に受験番号・氏名を書きなさい。

3　試験時間は50分です。

4　解答はすべて、問題の指示にしたがって解答用紙に記入しなさい。

5　問題用紙で、印刷がはっきりしないところがあったら、静かに手をあげなさい。

6　答案ができあがっても、終了合図のチャイムが鳴るまで静かに着席していなさい。

字数制限のある問題については、句読点なども一字とします。

受験番号				氏名	

2023(R5) 九州国際大学付属中
K 教英出版

一　次の文章をよく読んで、あとの問いに答えなさい。

道ばたにひっそりと咲《さ》く雑草の花に、心打たれるときがあるかも知れない。しかし、野生の植物が花を咲かせるのは、人間に見てもらうためではない。昆虫《こんちゅう》を呼び寄せて花粉を運ばせるためである。人知れず咲く小さな雑草の花であっても、①それは同じである。すべての花は昆虫を呼び寄せるためにあるのである。美しい花びらや甘い香りも、すべては昆虫にやってきてもらうためのものなのだ。そのため、②花の色や形にも、すべて合理的な理由がある。花は、ⓐナニゲなく咲いているわけではないのである。

A、春先には黄色い色の花が多く咲くようになる。黄色い花に、好んでやってくるのはヒラタアブなど小さなアブの仲間である。もちろん、人間には黄色い色に見えても、昆虫に何色に見えているかは、昆虫に聞いてみないとわからない。よく昆虫には紫外線《しがいせん》が見えるという話がある。黄色い花は紫外線が少ないので、紫外線が少ないというのが、アブが好む特徴《とくちょう》なのかも知れない。アブは、まだ気温が低い春先に、最初に活動を始める昆虫である。そのため、春先の早い時期に咲く花はアブを呼び寄せるために、黄色い色をしているのである。

もっとも、アブが好むから黄色い花を咲かせるようになったのか、黄色い花が多くなって、アブが黄色を好むようになったのかは、「＊」で、よくわからない。しかし、春先には黄色い花が咲き、黄色い花にアブが来るという植物と昆虫とのⓑヤクソク事ができあがったのである。

ただし、アブを※パートナーとするには、問題があった。ミツバチのようなハナバチの仲間は、同じ種類の花々を飛んで回る。

B、アブはあまり頭の良い昆虫ではないので、花の種類をⓒシキベツするようなことはしない。そして、種類のⓓコトなるさまざまな花を飛び回ってしまうのだ。これは植物にとっては、※都合《つごう》の良いことではない。同じ黄色い花だからと言って、タンポポの花粉がナノハナに運ばれても、種子はできない。タンポポの花粉は、タンポポに運んでもらわなければならないのである。

C、アブに花粉を運んでもらう植物は、どうやってきちんと花粉を運んでもらえば良いのだろうか。③これは難題である。しかし、野に咲く雑草であっても、この難問をⓔカイケツしているのだから、すごい。

じつは、春先に咲く黄色い花は、集まって咲く性質がある。集まって咲いていれば、アブは近くに咲いている花を飛んで回る。そうすれば、結果的に同じ種類の花に花粉を運ぶことになるのである。特に、小さなアブは飛ぶ力がそんなに強くないので、まとまって咲いていれば、近場の花を回ってくれる。

D、春先に咲く野の花は、集まって咲く。春に、一面に咲くお花畑ができるのは、そのためなのである。

（稲垣栄洋『雑草はなぜそこに生えているのか』ちくまプリマー新書より）

（注）※パートナー…共同で仕事をするときの相手。　※都合…その時の状況《じょうきょう》や事情。

問一　＝＝ⓐ～ⓔのカタカナを漢字に直して答えなさい。

問二　［A］～［D］に当てはまる最も適切な言葉を次からそれぞれ一つ選び、記号で答えなさい。

ア　それでは　　**イ**　ところが　　**ウ**　たとえば　　**エ**　こうして

問三　――①「それ」が指し示す内容を、「～ために花を咲かせること。」につながるように、本文中から十五字で書きぬきなさい。

問四　――②「花の色や形にも、すべて合理的な理由がある」とありますが、春先に咲くタンポポが黄色い色をしている理由を次のように説明しました。次の文の［ア］に当てはまる言葉は五字で、［イ］に当てはまる言葉は三字で、本文中からそれぞれ書きぬきなさい。

アブは、まだ［ア］春先に活動を始めるので、そのアブにいち早く見つけてもらうために、アブが好む［イ］の少ない黄色を選んでいると考えられるから。

問五　［＊］には、「永遠に答えが出ない」という意味の言葉が入ります。その言葉として最も適切なものを次から一つ選び、記号で答えなさい。

ア　五十歩百歩　　**イ**　のれんに腕押《うでお》し　　**ウ**　ぬかにくぎ　　**エ**　卵が先かにわとりが先か

問六　――③「これは難題である」について、次の各問いに答えなさい。

(1)　この難題の答えとして、タンポポはアブのどのような特徴を利用しようとしていますか。「～という特徴。」につながるように、本文中から十二字で書きぬきなさい。

(2)　アブの特徴を利用した花の咲き方によって、春先にはどのような景色が広がりますか。二十字以内で書きなさい。

問七　本文の説明のしかたとして最も適切なものを次から一つ選び、記号で答えなさい。

ア　最初に結論を示すことで、読み手に関心をもたせながら、テーマをほり下げてくわしく説明している。

イ　説明をよりわかりやすいものにするため、複数の具体例を比較しながら、一つの結論に導いている。

ウ　ところどころに疑問文を投げかけることによって、つねに読み手に問題意識を持たせながら説明している。

エ　専門的な言葉を多く使うことによって、書き手の専門性をアピールしながらわかりやすく説明している。

二　次の文章をよく読んで、あとの問いに答えなさい。

【ここまでのあらすじ】
夏休み、小学三年生の瑛介《えいすけ》は血小板数値の経過観察で一か月以上入院し、退屈《たいくつ》な日々を送っていた。そんなある日、病院にやって来たのが、「俺《おれ》、田波壮太《たなみそうた》。三年。チビだけど、九歳《さい》」と陽気にあいさつする同学年の男の子だった。彼《かれ》は、低身長症《しょう》（身長が伸びない病気）の検査のための入院であった。また、彼は遊びを考える天才で、瑛介とたちまち仲良くなった。しかし、壮太の退院が迫《せま》り、一緒《いっしょ》にいられるのは、あと少ししかない状況である。

八月六日金曜日。※プレイルームに行くとすでに壮太がいたけど、X心なしかぐったりしていた。
「寝《ね》不足？」
「それもあるけど、今日検査で飲んだ薬、血糖値下げるらしくて、頭がぼんやりしてるんだ」
「ああ、そっか」
それで今日は壮太の母親もそばにいるのか。
検査入院している子たちは、薬を飲んだ後に採血する。薬の種類や体質によっては※副作用があるようで、気分が悪くなって吐《は》いてしまう子も見たことがある。それに、検査中は寝てはいけないのに眠気《ねむけ》の襲《おそ》う薬が多いようで、母親たちが必死で子どもを起こしている姿には何度も出くわした。
「俺、ほかの薬は平気なのに。この薬、一番副作用が強いやつなんだよな」
「じゃあ、ゆっくりできる遊びしよう」
「おう。でも、寝ちゃだめだから、いっぱい楽しもう」
壮太は眠《ねむ》そうな顔で笑った。
「ＯＫー」
だるいけどじっとしていると寝てしまいそうだという壮太と廊下《ろうか》に出て、じゃんけんに勝てば、グリコ・パイナップル・チョコレートと文字の数だけ進めるゲームをした。ゆっくりでも歩けば、眠るのは避《さ》けられるだろう。
「俺の足短いから、なかなか進まないな」

壮太は三歩進んでから言った。

「でも壮太のほうがじゃんけん勝ってるよ」

「そうだ！グー、チョキ、パー、その文字から始まる言葉なら何でもいいことにしよう」

「いいね。そのほうがおもしろそう！」

「グー！やったね。じゃあ、えっと、ぐつぐつよく煮《に》たスープ」

じゃんけんで勝った壮太は、少し調子が出てきたのか大股《おおまた》で進んだ。

「なんだよそれ。よし勝った。じゃあ、ぼくは、パンダを見に動物園に行くのは日曜日」

ぼくも負けじと長い文を考えて歩く。

「えー、そうなんだ。動物園は土曜日じゃダメなんだ。お、俺もパーか。えっと、パリパリのポテトチップスを買うのは水曜日」

「なんで、曜日しばり？」

ぼくらはグー、チョキ、パーで始まる言葉を言い合っては笑った。

※ナースステーション前を通り過ぎようとすると、「ちょうどよかった。時間だよ」と、看護師さんにソファに座らされ、壮太は採血を受けた。

「ああ。血抜《ぬ》いたら、喉《のど》かわいたな」

壮太がナースステーション横の自販機《じはんき》を見てつぶやいた。

「水飲めないって、ちょっとつらいよな」

低身長の検査中は絶飲絶食だ。おなかがすくのは我慢《がまん》できるけど、水が飲めないのはしんどいらしく、子どもたちもよく「お茶ー！」「喉かわいたー」と叫《さけ》んでいる。ぼくもなんとなくY気が引けて、壮太といる時やプレイルームに検査の子がいる時は水分を摂《と》らないようにしている。

「じゃあ、じゃんけんは休憩《きゅうけい》してゆっくり歩こう」

眠気に負けそうな壮太にぼくは言った。

「ああ、ごめんな。今日の俺あんまり楽しくないよな」

壮太はいつもより［A］したⓐ口調で言う。検査のための薬でこんなにしんどくなるんだ。いつも元気な壮太なだけに、つらさがよくわかる。

「眠くてぼんやりしてても、壮太は楽しいよ」

「そう?」
「もちろん」
「だといいけど。おもしろくないチビなんて終わってるもんな」
壮太はそう言って、[B]した目で笑った。
「壮太はおもしろいけど、でも、①おもしろくなくたって全然いいと思うよ」
「瑛《えい》ちゃんは、優しいよな」
「まさか」
「瑛ちゃんといると、気持ちがのんびりする」
②壮太が見当違《けんとうちが》いに褒《ほ》めてくれるから、何だかⓑ居心地が悪くなって、ぼくは入院したてのころはわがままだったこと、最初は低身長の検査入院の子どもたちに冷たくしてたこと、今はなんとなくそのほうがここから早く出られるような気もして、みんなに優しくしてるだけだということを、ⓒ正直に話した。
「そうか。じゃあ、俺はチビだからおもしろくなって、瑛ちゃんは入院が長いから優しくなったってことか。瑛ちゃんが病気で、俺が小さくてよかったー」
壮太の言うとおりかもしれない。だけど、やっぱり違う。ぼくは入院する前のほうが性格はよかった。「みんなはいいよな」って人をうらやむことはなかったし、「どうしてぼくばっかりなんだよ」といらつくこともなかった。それに、壮太が楽しいことに、身長は関係ない。背が高くて陽気じゃない壮太でも、ぼくは一緒《いっしょ》にいて楽しいって思うはずだ。そんなことを言おうと思ったけど、うまく伝えられる自信がなくてやめにした。
そんなことより、[C]寝そうになる壮太を起こすことで精いっぱいだった。何度も廊下をⓓ往復したり、プレイルームに戻《もど》ってゲームをしてみたり、次から次へといろんなことをして壮太の眠気を覚ました。
「はーこれで、解放だ!」
十二時前、最後の採血が終わって、管を抜いてもらうと、壮太はプレイルームの床《ゆか》にごろんと寝転《ねころ》がった。
「おつかれ、壮太」
「サンキュー、瑛ちゃん」
「ぼくは何もしてないけどさ」
「なんか最終日に全然遊べなくてもったいなかったな」

「そんなことない。一緒に話してただけで楽しかったよ」
ぼくが言うと、
「うん。俺も半分頭は寝てたけど、楽しかった」と壮太も言った。
そのあと、昼食ができたと放送が流れ、ぼくたちはそれぞれ部屋に戻った。
「またな」とは言えず、「じゃあ」とあいまいに微笑《ほほえ》みながら。
昼ごはんを食べ終えて歯を磨《みが》いた後、壮太が母親と一緒にぼくの病室にやってきた。壮太の母親は大きなバッグを持ち、壮太もリュックを背負っている。
「いろいろお世話になりました」
壮太の母親は、ぼくとぼくのお母さんに頭を下げた。
「ああ、退院ですね。お疲《つか》れさまでした」
ぼくのお母さんが言った。
「瑛介君に仲良く遊んでもらって、入院中、本当に楽しかったみたいで」
「うちもです。壮太君が来てくれてよかったです」
お母さんたちがそんな話をしている横で、ぼくたちはお互《たが》い顔を見合わせて、かといって今この短い時間で話す言葉も見当たらず、ただなんとなく笑った。
「行こうか。壮太」
母親に肩《かた》に手を置かれ、
「瑛ちゃん、じゃあな」と壮太は言った。
「ああ、元気でな」
ぼくは手を振《ふ》った。
壮太は、
「瑛ちゃんこそ元気で」
そう言ってくるりと背を向けると、そのまま部屋から出て行った。
壮太たちがいなくなると、
「フロアの入り口まで見送ればよかったのに。ⓔ案外二人ともお別れはあっさりしているんだね。ま、男の子ってそんなもんか」とお母さんは言った。

　お母さんは何もわかっていない。あれ以上言葉を発したら、泣きそうだったからだ。きっと壮太も同じなのだと思う。もう一言、言葉を口にしたら、あと少しでも一緒にいたら、さよならができなくなりそうだった。口や目や鼻。いろんなところが［　D　］熱くなるのをこらえながら、ぼくは「まあね」と答えた。

（瀬尾まいこ『夏の体温』より）

（注）※プレイルーム…病院の子ども達が遊べる場所。　※副作用…薬が病気を治療《ちりょう》する以外に人体に及ぼす作用。有害なものが多い。
※ナースステーション…看護師が集まって待機《たいき》している場所。

問一　＝＝＝ⓐ～ⓔの漢字の読みをひらがなで書きなさい。

問二　［　A　］～［　D　］に当てはまる最も適切な言葉を次からそれぞれ一つ選び、記号で答えなさい。

ア　じんと　　イ　とろんと　　ウ　うっかり　　エ　おっとり

問三　……X「心なしか」、Y「気が引けて」の本文中における意味として、最も適切なものを次からそれぞれ一つ選び、記号で答えなさい。

X「心なしか」
ア　とりとめもなく　　イ　気のせいか
ウ　情けなくも　　エ　思ったとおり

Y「気が引けて」
ア　やる気になって　　イ　おそろしくなって
ウ　こらえきれなくて　　エ　気おくれして

問四　――①「おもしろくなくたって全然いいと思うよ」とありますが、瑛介は、どういう意味でこの言葉を言っていますか。そのことが分かる一文を本文中から探し、初めの五字を書きぬきなさい。

問五 ――②「壮太が見当違《けんとうちが》いに褒《ほ》めてくれる」とありますが、なぜ瑛介は、「見当違い」と思っているのですか。その理由を説明した次の文の［＊］に当てはまる言葉を本文中の言葉を使って、二十五字以内で書きなさい。

壮太は、ぼくが心から他人を優しく受け止める性格のように思っているようだが、本心は、［＊］だけで自分の利益のためにしていると考えているから。

問六 〜〜〜部のやり取りに表れている、瑛介と壮太の様子を説明したものとして、最も適切なものを次から一つ選び、記号で答えなさい。

ア お互いに必要最小限の別れのあいさつをすることによって、過去の出来事には一切こだわりを持たず、明日からの生活に明るく立ち向かっていこうとする様子。

イ 母親たちにこれ以上心配をかけないようにするために、短い別れのあいさつにとどめ、また再会したときにゆっくり話ができればいいとあきらめている様子。

ウ あっさりとした別れのやりとりのように見えるが、二人とも泣き出しそうなほどつらくて、その悲しみをさとられないように精いっぱいがまんしている様子。

エ 二人の力ではどうすることもできない別れがおとずれ、仕方のないものとして受け入れざるをえず、病気になってしまったことを悔《くや》しく思っている様子。

問七 この文章における表現の工夫として、最も適切なものを次から一つ選び、記号で答えなさい。

ア たとえや音を表す言葉を多用することによって、読み手がその様子をありありと思い浮かべやすくなるよう工夫している。

イ 短い会話のやり取りを通して、読み手をその場にいるかのように感じさせ、登場人物と同じ気持ちになりやすくしている。

ウ ところどころに過去の二人のやり取りをはさみこむことによって、読み手に二人のきずなの深まりも理解できるようにしている。

エ 病気という重いテーマでありながら、周囲の人たちの明るい様子をえがくことによって、前向きな印象になるよう工夫している。

三　次の問いに答えなさい。

問一　次の漢字一字を頭につけることで三字の熟語が成立する言葉をそれぞれ一つ選び、記号で答えなさい。

①「非」
ア　発売
イ　確認
ウ　公式
エ　条理

②「新」
ア　公開
イ　機会
ウ　対面
エ　記録

③「未」
ア　完成
イ　始末
ウ　注意
エ　関係

問二　次の□に同じ漢字を入れると四字熟語ができます。□に入れるべき漢字一字をそれぞれ答えなさい。

①　同じテーマで描《か》いた絵なのにできあがった作品は□人□色で、とてもおもしろかった。

②　A市は□産□消を進めるため、ホームページでお店の情報などを発信している。

③　古来、時の権力者が□老□死の薬を追い求めたという伝説は多い。

問三　次のカタカナの漢字と同じ漢字のものをそれぞれ一つ選び、記号で答えなさい。

①　お茶をいただくときの作ホウを教わる。
ア　ヒツジがホウ牧されている。
イ　お世話になった方のご自宅をホウ問する。
ウ　姉は弁護士を目指しホウ律を学んでいる。
エ　父はよくホウ道番組を見ている。

②　国語ジ典を引いて言葉を調べる。
ア　日程の関係で次の大会をジ退しなければならない。
イ　先日のテストでは時ジ問題が多く出題された。
ウ　京都にあるジ院について話を聞く。
エ　この新聞は独ジの視点の記事がおもしろい。

③　外国人選手の入団会ケンが行われた。
ア　成人すると選挙ケンが得られる。
イ　三年前の事ケンについて調べる。
ウ　品質を保つために点ケンを念入りにする。
エ　先生は一ケンこわそうに見えるが実はやさしい。

④　ボランティア活動にサン加する。
ア　この液体を調べたらサン性であることがわかった。
イ　エコバッグを持サンして買い物をする。
ウ　残念なことに公園にゴミがサン乱していた。
エ　クラスメイトの考えにサン成する。

令和５年度　入学試験問題

算　　数

九州国際大学付属中学校

【注意事項】

1　開始合図のチャイムが鳴るまで、この問題用紙の中を見てはいけません。

2　開始合図のチャイムが鳴ったら、最初に解答用紙と問題用紙に受験番号・氏名を書きなさい。

3　試験時間は50分です。

4　解答はすべて、問題の指示にしたがって解答用紙に記入しなさい。

5　問題用紙で、印刷がはっきりしないところがあったら、静かに手をあげなさい。

6　答案ができあがっても、終了合図のチャイムが鳴るまで静かに着席していなさい。

白紙のページは計算に使ってください。

受験番号				氏名	

1 次の（1）～（6）は □ にあてはまる数を、（7）～（10）はそれぞれの問いに答えなさい。

（1）　$\frac{2}{5} \times \square \times \frac{3}{4} = 12$

（2）　$8 \times \left(\frac{1}{2} - \square \right) = 1$

（3）　$24 \div 2 \times \square = 6$

（4）　$14 \times 12 \times 8 = \square \times 48$

（5）　$25 + 5 \times \square = 60$

（6）　$12 : 18 = 30 : \square$

2023(R5) 九州国際大学付属中
K 教英出版

（7） 右の図形の面積は、何 cm^2 ですか。

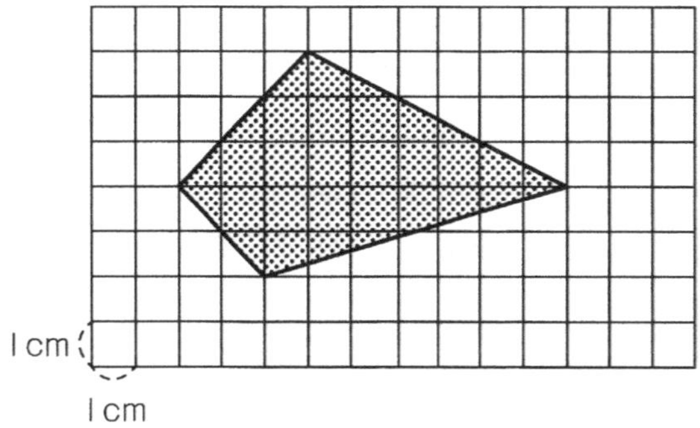

（8） 右の図の部分の面積は、何 cm^2 ですか。

円周率を 3.14 として答えなさい。

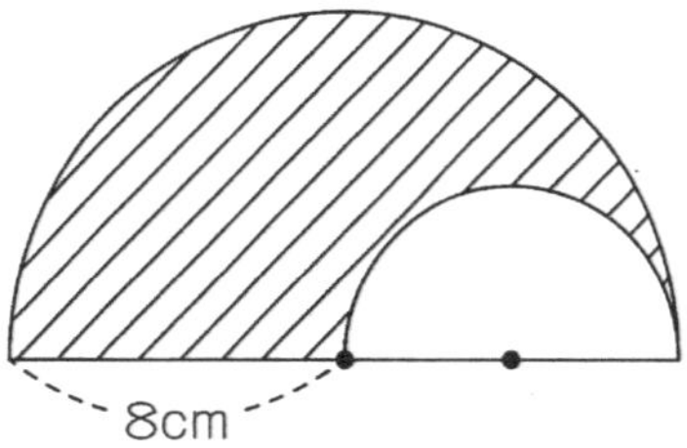

（9） 右の図の体積は、何 cm^3 ですか。

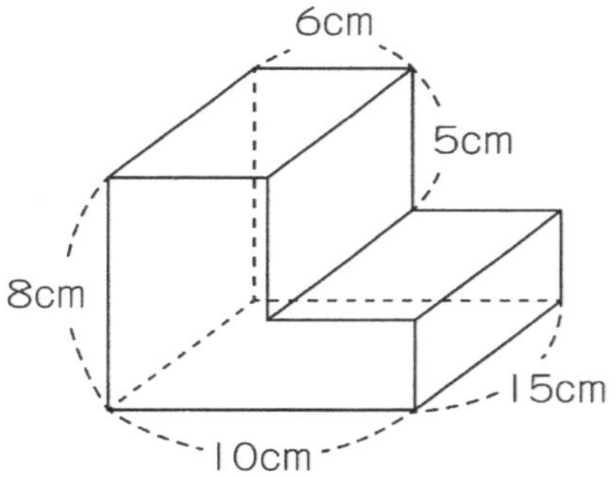

（10） 右の図は、正六角形です。

角㋐の大きさは何度ですか。

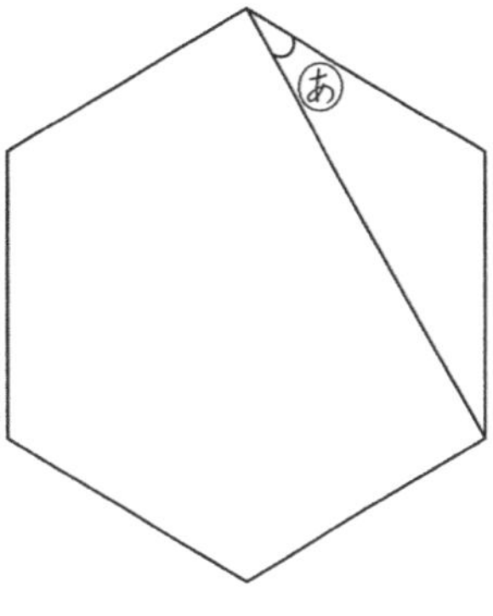

２ 次の問いに答えなさい。

（１） ある本を１日に平均30ページずつ読むと５日間で読み終わりました。

右の表は、そのときに読んだページ数を表にしたものです。

このとき、３日目は本を何ページ読みましたか。

日にち	ページ数（ページ）
１日目	25
２日目	28
３日目	□
４日目	37
５日目	42

（２） ホットケーキを３枚作るのに、ホットケーキの粉が150g、牛乳が120mL必要です。

ホットケーキを８枚作りたいとき、牛乳は何mL必要ですか。

（３） 公園に小さな噴《ふん》水と大きな噴水があります。小さな噴水は８分ごとに、大きな噴水は12分ごとにそれぞれ水をふき上げます。11時３分に２つの噴水が同時に水をふき上げたとき、その前に同時に水をふき上げたのは、何時何分でしたか。

（４） 赤、青、黄、緑、白、黒の６色の紙から２色の紙を選んで組にします。

組み合わせは、全部で何とおりありますか。

(5)　博物館の入館料は、おとな600円、子ども240円です。
おとなと子どもあわせて18人が入館したとき、入館料の合計は6840円でした。
このとき、おとなは何人入場しましたか。

(6)　次の図は、ある学校の6年1組で1か月に集めたペットボトルのキャップの数を調べて、ドットプロットに表したものです。

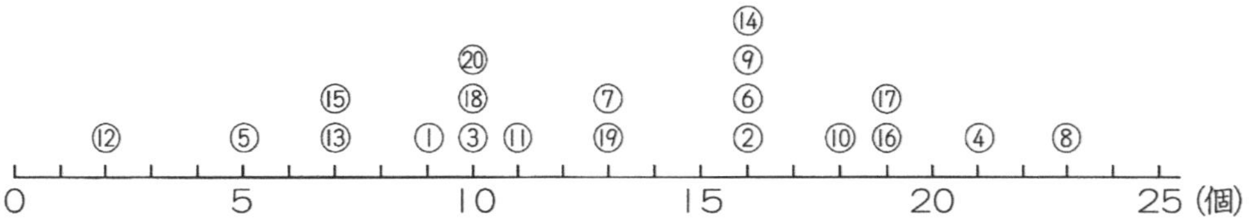

①　中央値は、いくらですか。

②　ちらばりのようすを表に表しなさい。

ペットボトルのキャップの個数

個　数(個)	人数(人)
0以上～　3未満	
3　～　6	
6　～　9	
9　～12	
12　～15	
15　～18	
18　～21	
21　～24	
合　計	20

3 40枚のカード 1 ～ 40 があります。この中から同時に２枚のカードを取り出し、次のルールにしたがって得点を決めます。

[ルール]
① カードに書かれた大きい方の数から小さい方の数をひく。
② その数を３で割る。
③ そのときの商と余りの和を得点とする。

(1) 3 と 22 を取り出したときの得点は何点ですか。

(2) カードに書かれている数の差が29のとき、得点は何点ですか。

(3) ２枚のカードのうち小さい数のカードが 8 で、このときの得点は10点でした。
もう１枚のカードに書かれている数をすべて答えなさい。

4 次の立体について答えなさい。

図1

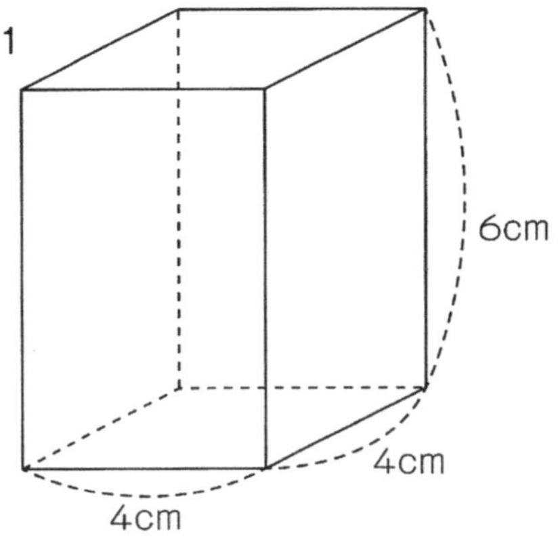

(1) 図1の立体の表面の面積は、何 cm^2 ですか。

(2) 図1の立体から、図2のように直方体を切り取ると体積が図1の立体の 75%になりました。
(あ)の長さを求めなさい。

図2

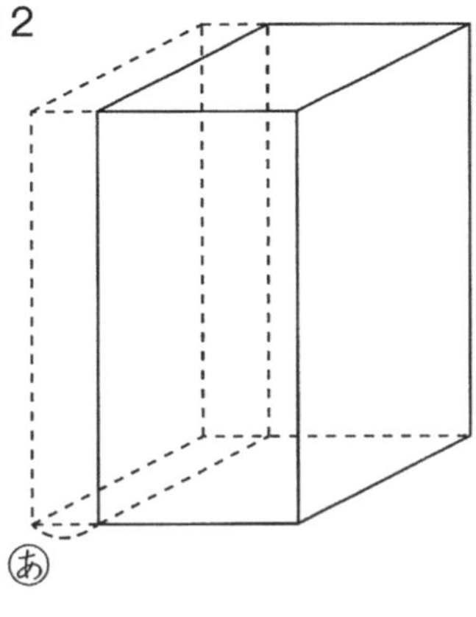

（3） **図1**の立体を、**図3**のように切って、２つの立体に分けます。

表面の面積が大きい方の立体は、小さい方の立体より、表面の面積は何 cm^2 大きいですか。

図3

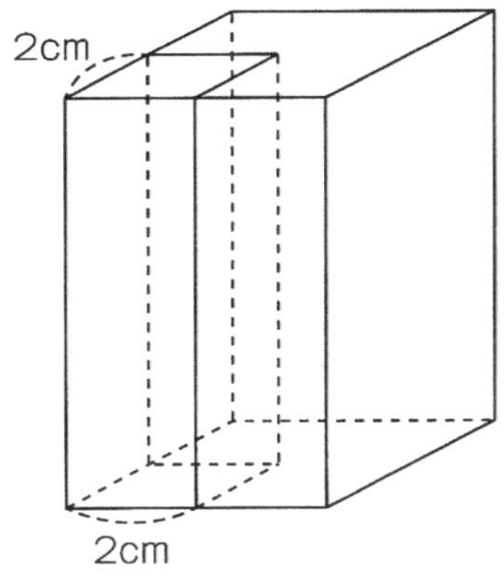

5　１周600mの池があります。Aくんと Bくんの２人は、9時にスタート地点を同じ向きに出発し、Aくんは歩いて、Bくんは走って、それぞれ池の周りを10周してゴールしました。

Aくんは途中で休むことなく最後まで歩き続け10時15分にゴールしました。Bくんはスタートして4200m走ったところで10分間の休けいをとり、それから残りを走って9時50分にゴールしました。

下の図は、２人がスタートしてからゴールするまでのようすを表したものです。

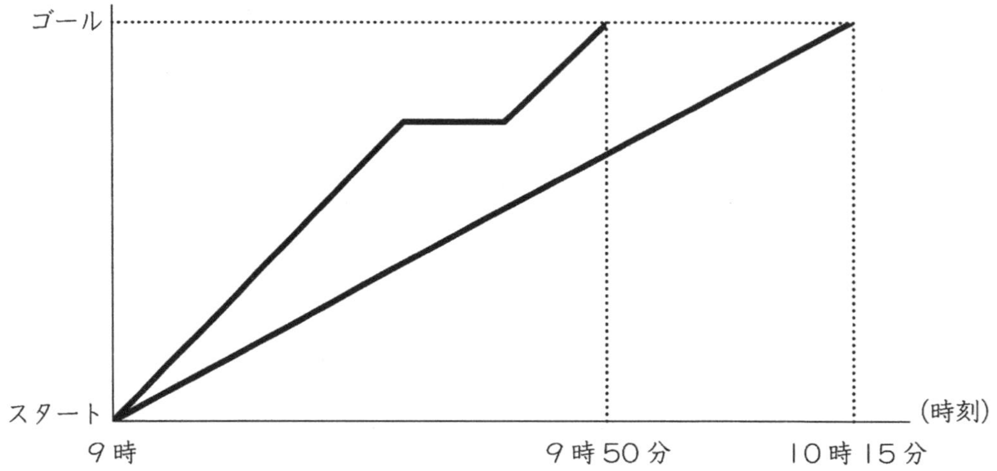

(1)　Aくんは、毎分何mの速さで歩きましたか。
また、Bくんは、毎分何mの速さで走りましたか。

(2)　Bくんが休けいをとり始めたのは、何時何分ですか。

(3)　Bくんは、休けいをとるまでにAくんを何回追い抜きましたか。

(4)　Aくんが、休けいをとっているBくんを追いこすときの時刻をすべて答えなさい。

6 右のような正方形ABCDがあります。

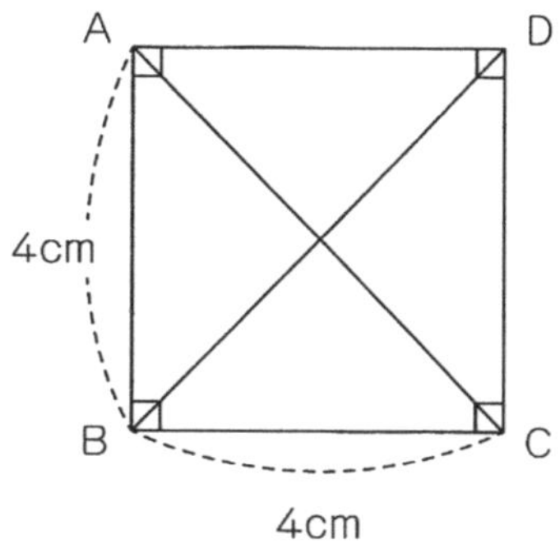

(1) 対角線ACの長さと対角線BDの長さの積を求めなさい。

三角形ABCを頂点Cを中心に時計回りに45度回転し、頂点Aが移動した点を頂点Eとします。

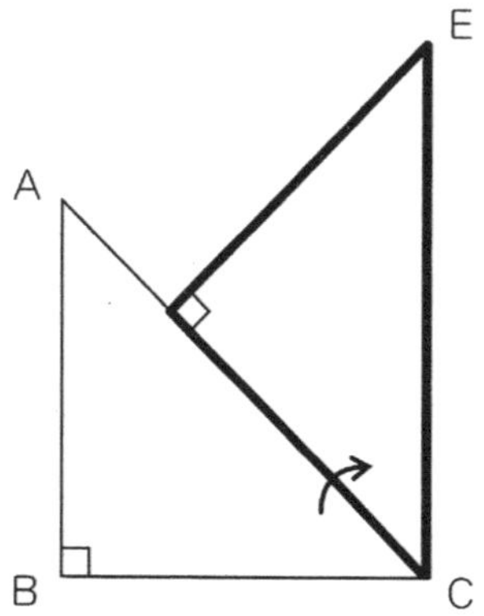

さらに、頂点Cを中心に時計回りに45度回転し、頂点Eが移動した点を頂点Fとします。

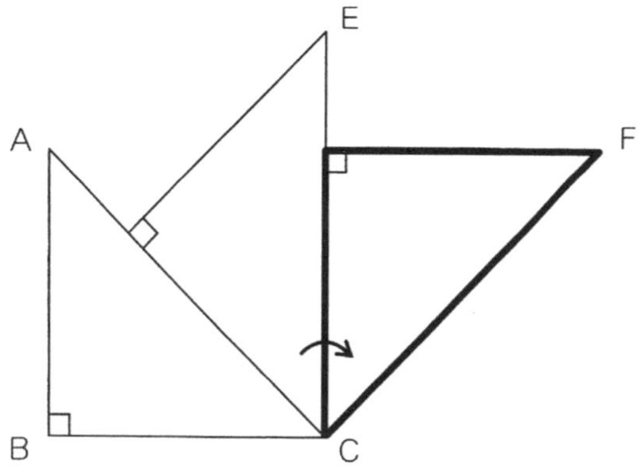

頂点Ｂと頂点Ｆを直線で結びます。

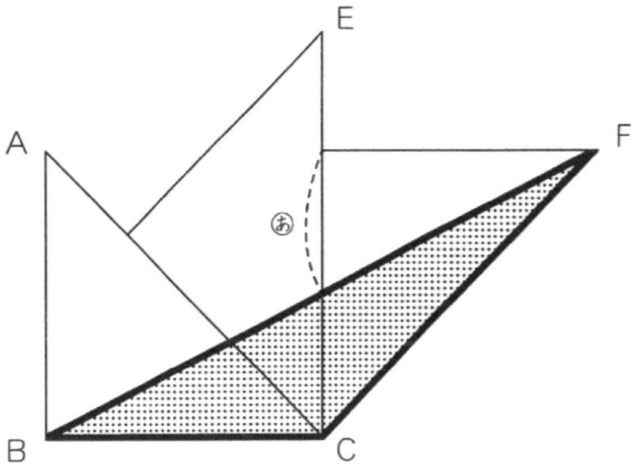

（2） 図の  部分の面積は、何 cm^2 ですか。

（3） あの長さは、何 cm ですか。

頂点Eと頂点Fを、頂点Cを中心とした円で結びます。

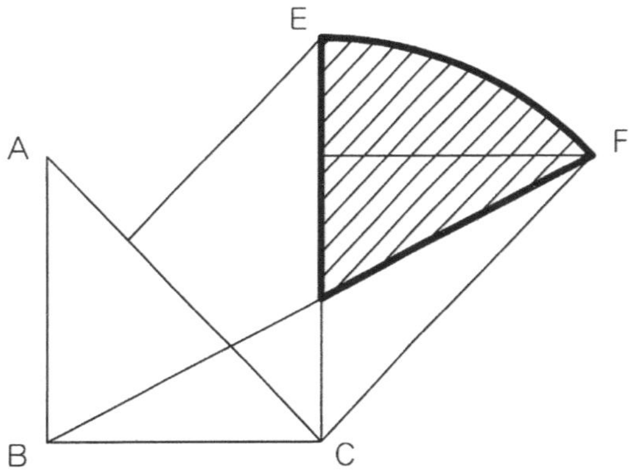

（4） 図の  部分の面積は、何 cm^2 ですか。円周率は3.14として答えなさい。

令和５年度　入学試験問題

英　　　語

九州国際大学付属中学校

【注意事項】

1　開始合図のチャイムが鳴るまで、この問題用紙の中を見てはいけません。

2　開始合図のチャイムが鳴ったら、最初に解答用紙と問題用紙に受験番号・氏名を書きなさい。

3　開始合図のチャイムが鳴り終わるとリスニング問題が放送されます。放送の指示にしたがって問題を解きなさい。

4　試験時間は20分です。

5　解答はすべて、問題の指示にしたがって解答用紙に記入しなさい。

6　問題用紙で、印刷がはっきりしないところがあったら、静かに手をあげなさい。

7　答案ができあがっても、終了合図のチャイムが鳴るまで静かに着席していなさい。

受験番号				氏名	

※音声は収録しておりません

※ 1 はリスニング問題です。2～6 は筆記問題です。

1 次の問いに答えなさい。

問１ (1) ～ (4) の問いについて、それぞれ、ア、イ、ウの３つの英文が流れます。絵の内容を最もよく表しているものをア、イ、ウの中から１つ選び、記号で答えなさい。放送は２回読まれます。

(1)

(2)

(3)

(4)

問２ (1) ～ (6) の問いについて、英文や対話が流れます。それぞれの問いの答えとして最もふさわしいものを、ア、イ、ウの中から１つ選び、記号で答えなさい。放送は２回読まれます。

(1) 男の子が飼っているペットはどれですか。

ア

イ

ウ

（2） 女の子が土曜日の朝にすることはどれですか。

ア

イ

ウ

（3） 女の子の一番好きな季節はどれですか。

ア winter　　イ spring　　ウ summer

（4） この会話はどこでしていますか。

ア library　　イ museum　　ウ restaurant

（5） メアリーが朝食に食べるのはどれですか。

ア

イ

ウ

（6） どの動物のことを話しているでしょうか。

ア

イ

ウ

2　ＣとＤの関係が、ＡとＢの関係と同じになるように、それぞれの（　　　　）に当てはまる言葉を下から1つずつ選び、英語で書きなさい。

問1

A	B	C	D
1	January	4	(　　　)

April　　June　　March　　October

問2

A	B	C	D
July	seven	September	(　　　)

two　　seven　　nine　　ten

3　次の質問に対して、答えの（　　　　）に入るのに**ふさわしくないもの**を、下から1つずつ選び、英語で書きなさい。

問1　質問：What is your favorite sport?

答え：I like (　　　　　　　　).

soccer　　swimming　　museum　　tennis

問2　質問：Hi, Kumi. How are you?

答え：Hi, Emi. I am (　　　　　　　　).

happy　　sunny　　hungry　　busy

※音声は収録しておりません

2023　英語　入試　リスニング問題　スクリプト

説明	これから、英語リスニング問題を始めます。問題冊子の１ページ目を開きなさい。放送中にメモを取っても構いません。

問１	問１。（１）から（４）の問いについて、それぞれア、イ、ウの３つの英文が流れます。絵の内容を最もよく表しているものを、ア、イ、ウの中から１つ選び、記号で答えなさい。放送は２回読まれます。 （１） ア My birthday is November 2. イ My birthday is December 2. ウ My birthday is October 2. （２） ア My father is a tennis player. イ My father is a doctor. ウ My father is a teacher. （３） ア It is going to be snowy tomorrow. イ It is going to be rainy tomorrow. ウ It is going to be sunny tomorrow. （４） ア I am a basketball fan. イ I am a soccer fan. ウ I am a baseball fan. これで、問１は終わりです。

問２	問２。これから、（１）から（６）の問いについて、英文や対話が流れます。それぞれの問いの答えとして最もふさわしいものを、ア、イ、ウ の中から１つ選び、記号で答えなさい。放送は２回読まれます。 （１） I like animals very much.　My pets' names are John and Lily.　John is a very big dog.　Lily is a small cat. （２） On Saturday morning, I am going to practice tennis with my father.　In the afternoon, I have an English lesson.　In the evening, I have to practice piano very hard. （３） Girl : It's very cold today. Boy: I'm OK.　Winter is my favorite season. Girl : Really?　I like spring the best.

4 下の予定表を表す英文になるように、空欄に入る曜日を英語で書きなさい。

月	火	水	木	金
公園でサッカーを練習する	図書館で本を読む	英語を勉強する	母親と夕食を作る	自分の部屋を掃除する

問1　I practice soccer in the park on ＿＿＿＿＿＿＿ .

問2　I clean my room on ＿＿＿＿＿＿＿ .

5 次の英文はケンの自己紹介《しょうかい》の原稿《げんこう》です。英文の内容にあうように、①、②に日本語を書いて、メモを完成させなさい。

Hi, I am Ken. I am from Kokura.

I like animals. I have a black cat.

I want a new bike for my birthday.

Ken

＜メモ＞
・小倉出身
・動物が好きで（　①　）猫を飼っている。
・誕生日には（　②　）が欲しい。

6 次の英文は、ミキが「週末の過ごし方」について発表したものです。英文を読んで、あとの問いに答えなさい。

> I am Miki. I like sports.
>
> I (①) soccer with my friend on Saturdays.
>
> My favorite subject is English.
>
> I (②) to the library and (③) an English book on Sundays.
>
> What subject do you like?

問1 (①)～(③)には、read, play, go の英語が1つずつ入ります。(②)に入る英語を選んで書きなさい。

問2 下線部の質問について、あなた自身のことについて答える内容になるように、(　　)の中に入る日本語を書きなさい。

わたしは (　　　　　　　　) が好きです。

問2	（4） Boy : Excuse me.　I'm interested in cooking.　Where can I find books about it? Woman : We have many books over there.　I'll show you. Boy : Thank you. （5） Father : Good morning, Mary.　What will you have for breakfast? Girl : Can you cook an egg?　I'll have this apple, too. Father : Sure.　What do you want to drink? Girl : I want a cup of tea. （6） I am an animal.　I have a long tail.　I can run fast and I can jump.　I have a big pocket.　I live in Australia. これで、問２は終わりです。

説明	リスニングテストはこれで終わりです。 引き続き、筆記テストを解きなさい。

(1)

Key: Excuse me. I'm interested in a ...... Where can I find ...... ?

Yuta: We have some books over there. I'll show you.

Key: Thank you.

(2)

Key: Good morning, Mary. What will you have to eat?

Mary: Can I have scrambled eggs? I'll have the apple too.

Waiter: Sure. What do you want to drink?

Mary: Tea, a cup of tea.

(3)

Yuta: Hi, Mary. I have a ...... for tea. I can also cook and I can do up. I have a big ...

Mary: ...... you are right.

Yuta: ...... you ...... ?

令和5年度 入学試験問題

理　　科

九州国際大学付属中学校

【注意事項】

1 開始合図のチャイムが鳴るまで、この問題用紙の中を見てはいけません。

2 開始合図のチャイムが鳴ったら、最初に解答用紙と問題用紙に受験番号・氏名を書きなさい。

3 試験時間は30分です。

4 解答はすべて、問題の指示にしたがって解答用紙に記入しなさい。

5 問題用紙で、印刷がはっきりしないところがあったら、静かに手をあげなさい。

6 答案ができあがっても、終了合図のチャイムが鳴るまで静かに着席していなさい。

受験番号				氏名	

1　植物の成長と空気・水の関わりについて、次の問いに答えなさい。

問1　国子さんは、植物と空気の関わりを調べるために、ある晴れている日にホウセンカにふくろをかぶせて、ストローで息をふきこみました。まず、実験を開始した時と１時間後のふくろの中にある酸素と二酸化炭素の体積の割合を、気体検知管を使って調べました**〈実験❶〉**。次に、同じ装置《そうち》をもう１つ作り、上から段ボールの箱をかぶせて、同じように実験しました**〈実験❷〉**。

〈実験❶〉

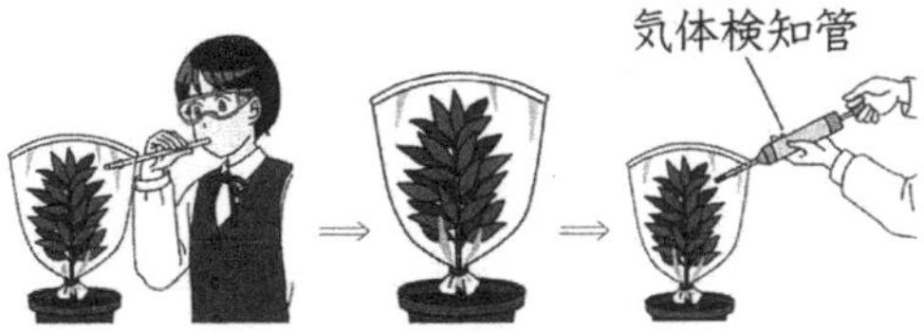

〈実験❷〉

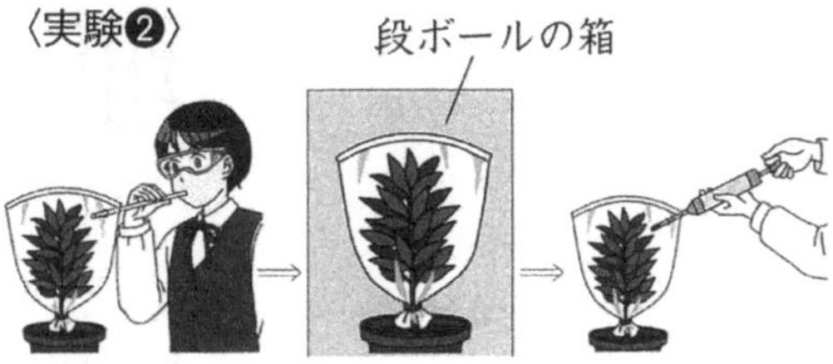

結果❶

時刻	酸素	二酸化炭素
11時(実験開始)	17%	4%
12時	19%	2%

結果❷

時刻	酸素	二酸化炭素
11時(実験開始)	17%	4%
12時	**(あ)**	**(い)**

（1）　下のグラフは、空気中の気体の体積の割合を表したものです。①～③に当てはまる気体として、ふさわしい組み合わせはどれですか。次の**ア**～**エ**の中から選び、記号で答えなさい。

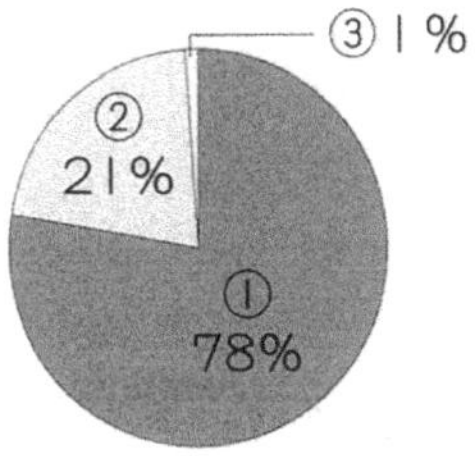

	①	②	③
ア	酸素	ちっ素	二酸化炭素など
イ	ちっ素	二酸化炭素	酸素など
ウ	酸素	二酸化炭素	ちっ素など
エ	ちっ素	酸素	二酸化炭素など

（2）　結果❷について、**(あ)**・**(い)** に当てはまる割合の組み合わせとしてふさわしいものはどれですか。次の**ア**～**エ**の中から選び、記号で答えなさい。

ア　**(あ)** 17%、**(い)** 4%　　　**イ**　**(あ)** 19%、**(い)** 2%
ウ　**(あ)** 15%、**(い)** 6%　　　**エ**　**(あ)** 19%、**(い)** 6%

（3）　**〈実験❶〉** と **〈実験❷〉** からわかることを次のようにまとめました。(①) ～ (⑤) に当てはまる言葉を答えなさい。

> **〈実験❶〉** から、植物は日光が当たるとき、(①) のはたらきにより (②) を出していることがわかります。このとき、(③) も行っていますが、実験結果からは確認できません。そこで、**〈実験❷〉** のように日光が当たらないようにすると、植物は動物と同じように (③) を行い、(④) を取り入れて (⑤) を出していることが分かります。

問2 次の資料は、国子さんが１学期の復習用に作った学習のまとめです。

植物の成長と水の関わり（まとめ）

- 植物が（**あ**）からとり入れた水は、（**い**）や（**う**）などにある水の通り道を通って運ばれ、体のすみずみまでいきわたる。
- （**う**）までいきわたった水は、おもに（**う**）から水蒸気として出ていく。このことを（**え**）という。
- （**う**）の表面を顕微《けんび》鏡で観察すると、小さな穴がたくさんある。この穴を（**お**）という。

（１） 上の文の中の（**あ**）～（**お**）に当てはまる言葉を答えなさい。

（２） 〰〰部のことが確かめられる実験を、次の**ア**～**エ**の中から選び、記号で答えなさい。

ア

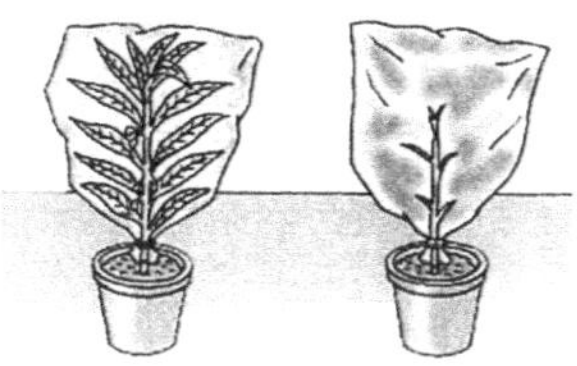

植物にビニール袋をかけてしばらく置き、たまった水を比べる。

イ

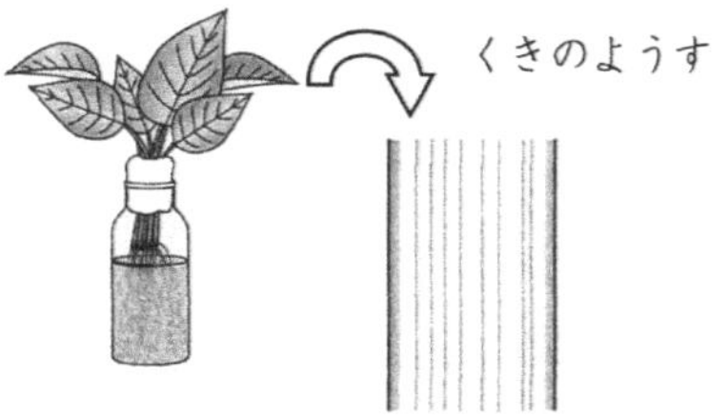

植物を色水につけてしばらく置き、根・くき・葉をうすく切って顕微鏡で観察する。

ウ

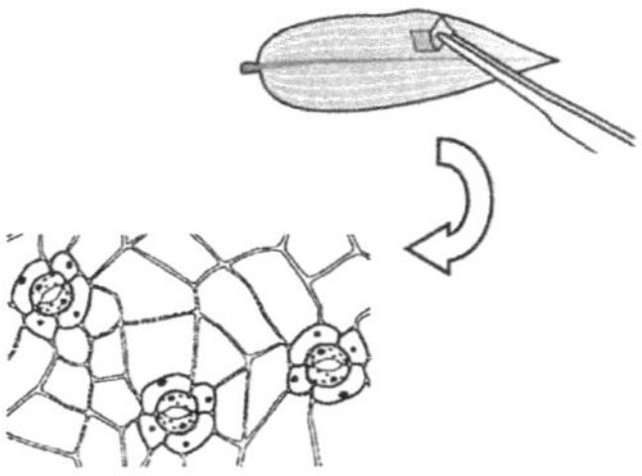

葉の表面をはがし、顕微鏡で観察する。

エ

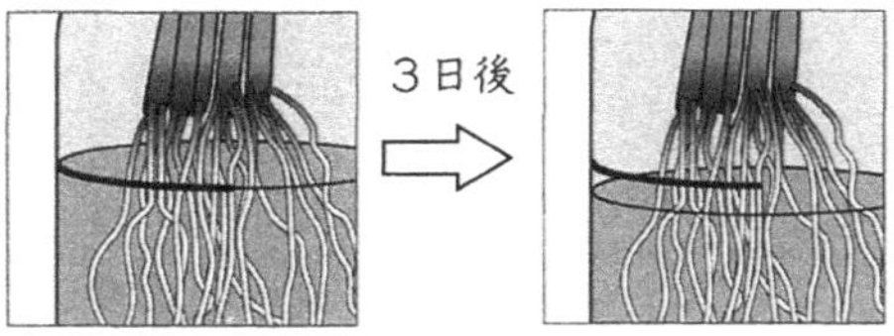

植物を根ごと水につけ、水面の様子を観察する。

（３） 小学１年生が朝顔の花にじょうろで水をかけていましたが、それを見た国子さんは、１年生に正しい水やりの仕方を教えたくなりました。あなたならどのように教えますか。国子さんのまとめを参考にして簡単に答えなさい。

2 金属の温度と体積について、次の問いに答えなさい。

問1 金属をあたためたり冷やしたりしたとき、どのような変化があるかを調べました。

〈実験〉 同じ金属でできた玉と輪があります。輪よりも玉が少しだけ小さいので、玉が輪を通りぬけるようになっています。この玉を熱したり冷やしたりして、玉が輪を通りぬけるかどうかを調べました。このとき、結果は次のようになりました。

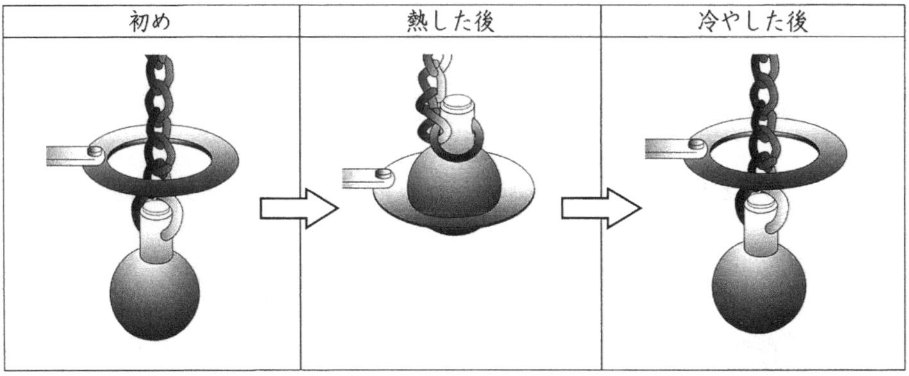

(1)**〈実験〉**の結果から、どのようなことがわかりますか。次の文の（①）～（③）の中に当てはまる言葉を答えなさい。

「金属は、あたためられると（①）が（②）なり、冷やされると（①）が（③）なる。」

(2) 次の**ア**～**エ**の現象の中から、**〈実験〉**と同じ現象を1つ選び、記号で答えなさい。

ア 水の入ったペットボトルを凍《こお》らせると、ペットボトルが割れる場合がある。
イ 温度計の赤い線は、温度が上がると長くなり、下がると短くなる。
ウ 2022年7月、レールのゆがみが発見され、電車が走行できなくなった。
エ 夏は、自転車のタイヤの空気がぬけやすくなったり、パンクしやすくなったりする。

2023(R5) 九州国際大学付属中
教英出版

問2 いろいろな金属を熱して、変化のちがいを調べました。

〈実験〉 アルミニウム、鉄、銅でできた100cm（20℃のときの長さ）の金属のぼうを用意して、下の図のように片方の端《はし》を動かないように固定し、ガスバーナーで熱します。それぞれのぼうの温度が1℃上がったときにのびる長さを調べて、下の表にまとめました。

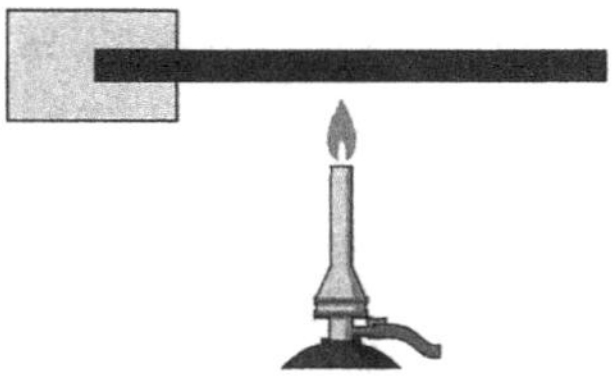

金属の種類	のびる長さ
アルミニウム	0.0023cm
鉄	0.0012cm
銅	0.0017cm

（1） 100cmのアルミニウムと鉄を20℃から70℃まで熱したとき、アルミニウムがのびる長さは鉄がのびる長さより何cm大きいですか。

（2） 上の表から、温度の変化が同じであっても、金属の種類によってのびる長さが違うことが分かります。**図1**のように、アルミニウムと銅をはり合わせた板を用意し、**図2**のように、片方の端を動かないように固定して、ガスバーナーで熱しました。
このとき、この板はどのように変化しますか。次の**ア**～**エ**の中から選び、記号で答えなさい。

図1

図2

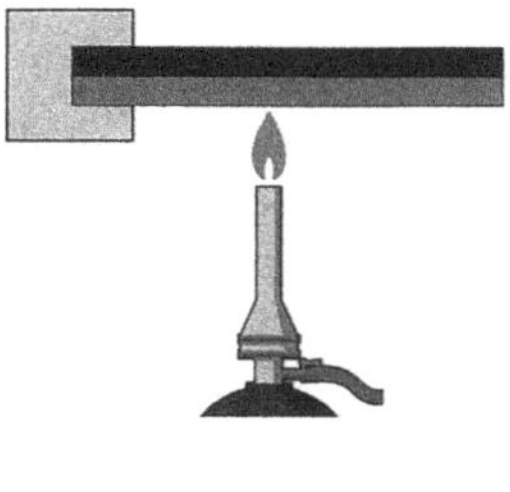

ア 変化なし

イ もとより長くなる

ウ 下に曲がる

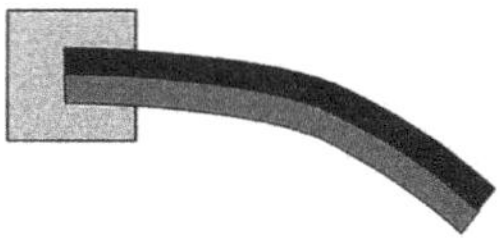

エ 上に曲がる

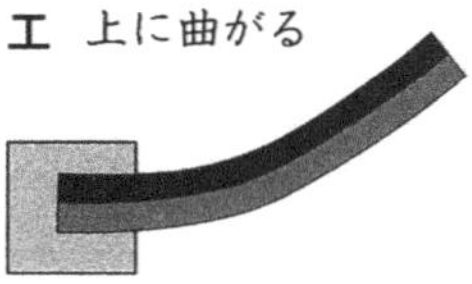

（3）　２種類の金属をはりあわせた板は、サーモスタットという装置に使われています。
下のあ、いはサーモスタットの仕組みを表したものです。

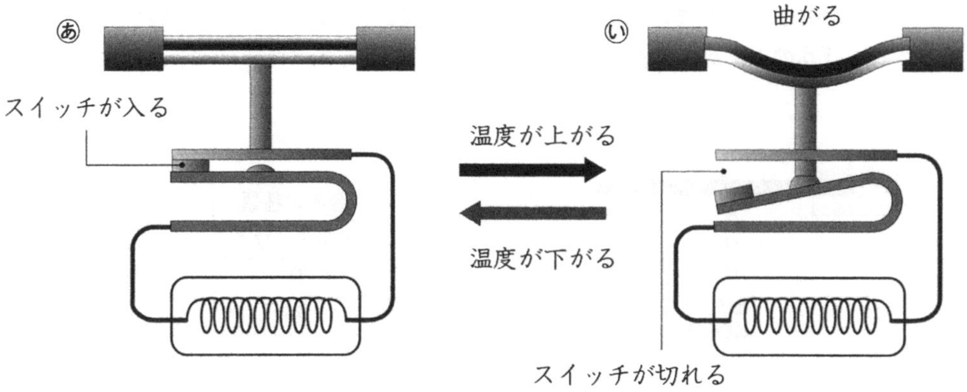

あ　低い温度のときは、金属どうしをはり合わせた板がまっすぐになるので、スイッチが入ります。	い　温度が上がると、金属をはり合わせた板が大きく曲がるので、スイッチが切れます。

暖房《だんぼう》器具やアイロン、ヘアドライヤーなどの熱を出す器具には、共通してサーモスタットが使われています。その目的は何ですか。簡単に説明しなさい。

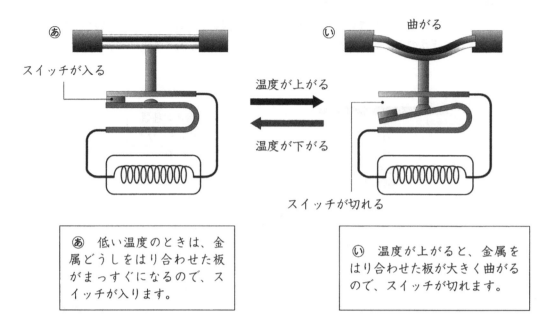

3 流れる水のはたらきについて、次の問いに答えなさい。

問1 九太郎くんと国子さんが、川の石について会話をしました。

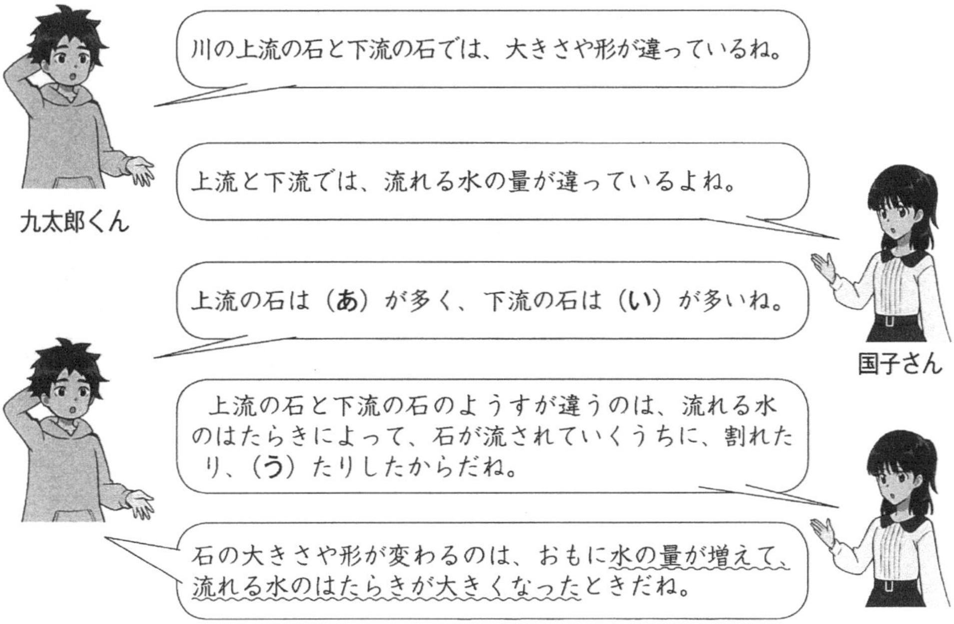
川の上流の石と下流の石では、大きさや形が違っているね。
上流と下流では、流れる水の量が違っているよね。
九太郎くん
上流の石は（**あ**）が多く、下流の石は（**い**）が多いね。
国子さん
上流の石と下流の石のようすが違うのは、流れる水のはたらきによって、石が流されていくうちに、割れたり、（**う**）たりしたからだね。
石の大きさや形が変わるのは、おもに水の量が増えて、流れる水のはたらきが大きくなったときだね。

（1） 会話中の（**あ**）・（**い**）に当てはまる内容を、次の**ア**～**エ**の中から選び、記号で答えなさい。

ア 小さくてごつごつした石　　**イ** 大きくてごつごつした石
ウ 小さくて丸みのある石　　**エ** 大きくて丸みのある石

（2） 会話中の（**う**）に当てはまる内容を、簡単に答えなさい。

（3） 会話中の 〰〰 部について、水の量が増えたときの川の変化について正しく説明した文を、次の**ア**～**オ**の中から**2つ**選び、記号で答えなさい。

ア 流れが速かったところでは、さらに流れが速くなり、川底が深くけずられる。
イ 流れが速かったところでは、水位が上がり流れがゆるやかになる。
ウ 曲がって流れていたところでは、内側がさらに深くけずられる。
エ 曲がって流れていたところでは、外側に積もる土が増える。
オ 流れがゆるやかだったところでは、積もっていた土が流され水がにごる。

問2　下の写真は、川の下流のようすです。この辺《あた》りでは、川が曲がって流れていて、片方の川岸にはこのようなブロックが置かれていますが、反対側の川岸にはブロックが置かれていません。

（１）　この写真は、川の内側と外側のどちらのようすですか。

（２）（１）のように考えた理由を簡単に答えなさい。

4 太陽の光について、次の問いに答えなさい。

問1 太陽の光を鏡に当てると、光の道すじがどのようにできるかを調べました。

（1） **図1**は、地面に置いた鏡に光を当て、光の道すじを地面にうつしたものです。**図2**は、1枚の鏡に光を当て、できた光の道すじを別の鏡でつないだものです。**図1**と**図2**から、どのようなことがわかりますか。次の文の（①）～（②）の中に当てはまる言葉を答えなさい。

「光は（①）に進む。鏡を使うと、（①）に進んだ光を（②）ことができる。」

図1

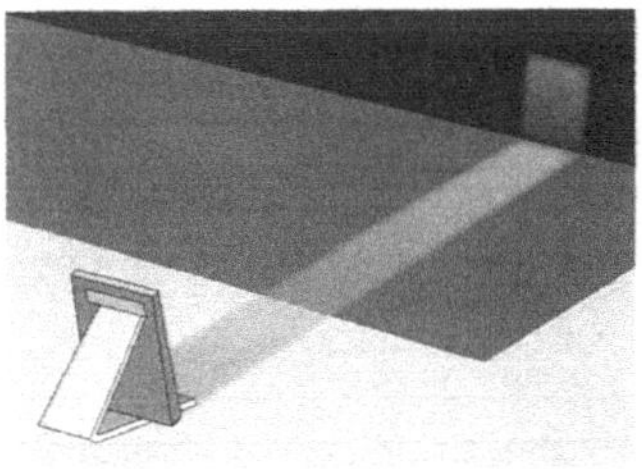

図2

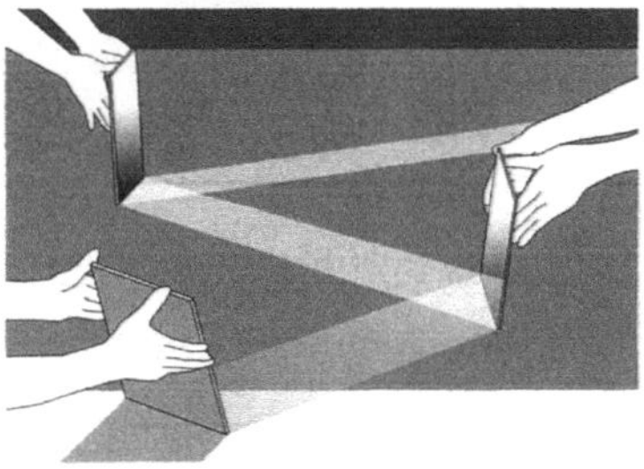

（2） 星形をくりぬいた黒い紙をはった鏡に光を当てて、日かげのかべに向けると、星の形がうつりました。**図3**のように、カタカナの「イ」の形をくりぬいた黒い紙をはった鏡に光を当ててかべに向けると、かべにはどのような形がうつりますか。下の**ア**～**エ**の中から選び、記号で答えなさい。

星形をくりぬいた黒い紙

図3

ア

イ

ウ

エ

問2　鏡の数を増やして、かべにたくさん光を集めたときのかべの明るさとあたたかさを調べました。

（1）　丸い鏡を４枚使ってかべに光を集めると下の図のようになりました。いちばん明るくなる部分を黒くぬりつぶしなさい。

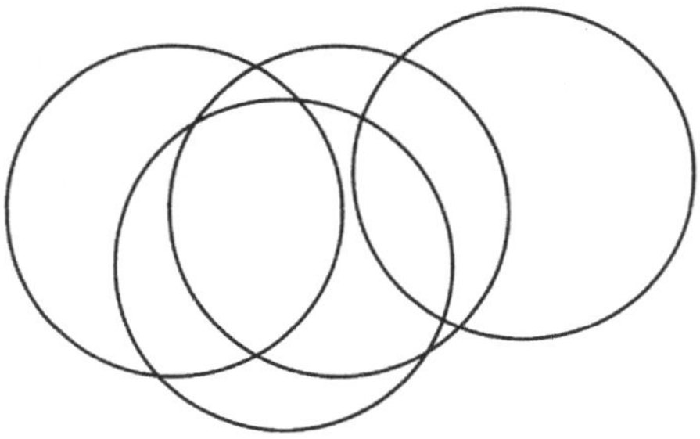

（2）　**図１**は、オリンピックの聖火《せいか》採火式《さいかしき》のようす、**図２**は、虫めがねを使って黒い紙を燃やしているようすです。どちらも、ものが燃えるくらいに温度が上がっています。どのように光を集めると、ものが燃えるくらいに温度が上がりますか。簡単に説明しなさい。

図１

図２

令和５年度　入学試験問題

社　　会

九州国際大学付属中学校

【注意事項】

1　開始合図のチャイムが鳴るまで、この問題用紙の中を見てはいけません。

2　開始合図のチャイムが鳴ったら、最初に解答用紙と問題用紙に受験番号・氏名を書きなさい。

3　試験時間は30分です。

4　解答はすべて、問題の指示にしたがって解答用紙に記入しなさい。

5　問題用紙で、印刷がはっきりしないところがあったら、静かに手をあげなさい。

6　答案ができあがっても、終了合図のチャイムが鳴るまで静かに着席していなさい。

受験番号				氏名	

1 次の問いに答えなさい。

(A) 次の地図を見て、あとの問いに答えなさい。

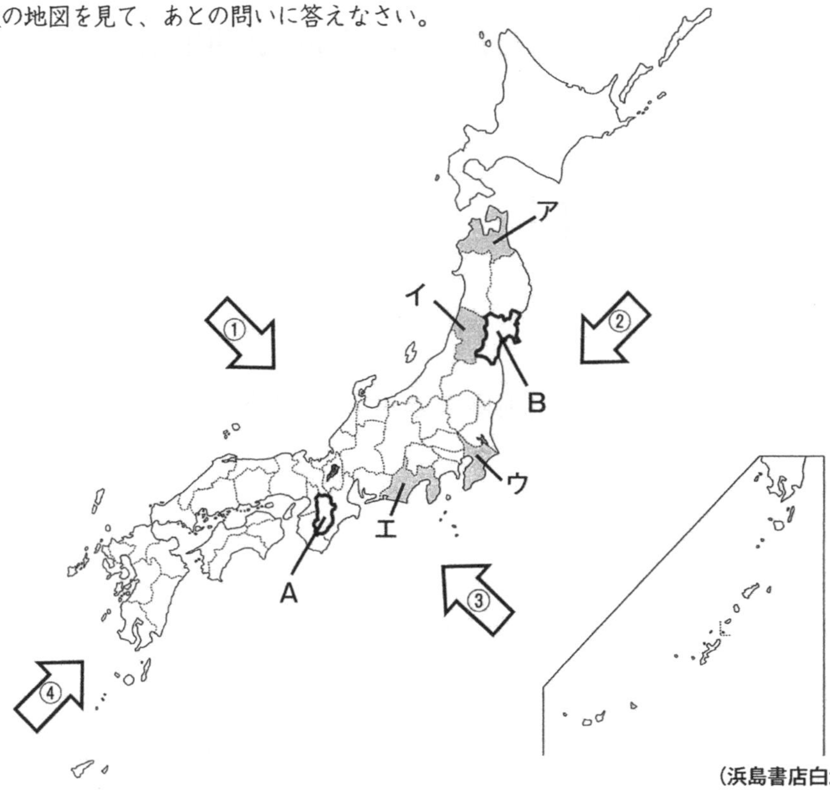

(浜島書店白地図より作成)

問１ 地図中の**A**の県名を答えなさい。

問２ 地図中の**B**の県庁所在地名を答えなさい。

問３ 冬にふく季節風の風の向きとしてふさわしいものを、地図中の矢印①～④から選び、記号で答えなさい。

問４ 右のグラフは、２０１９年のおうとう（さくらんぼ）の生産量を都道府県別に表したものです。**C**にあてはまる県名を答えなさい。また、**C**の県の位置を地図中の**ア**～**エ**から選び、記号で答えなさい。

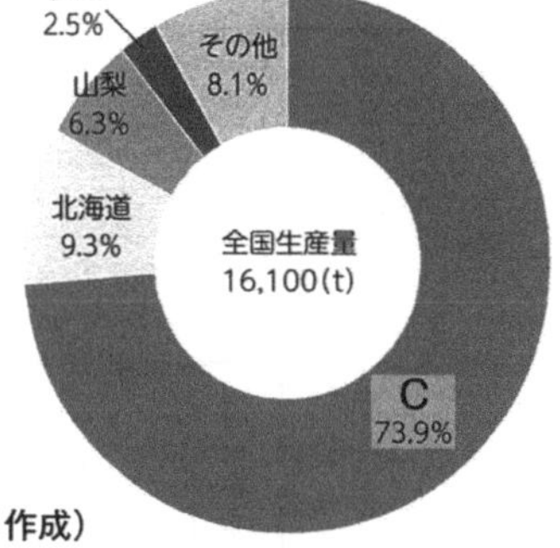

(農林水産省資料より作成)

問5　次のグラフを見て、グラフの内容として正しく説明している文を下の**ア**～**エ**から１つ選び、記号で答えなさい。

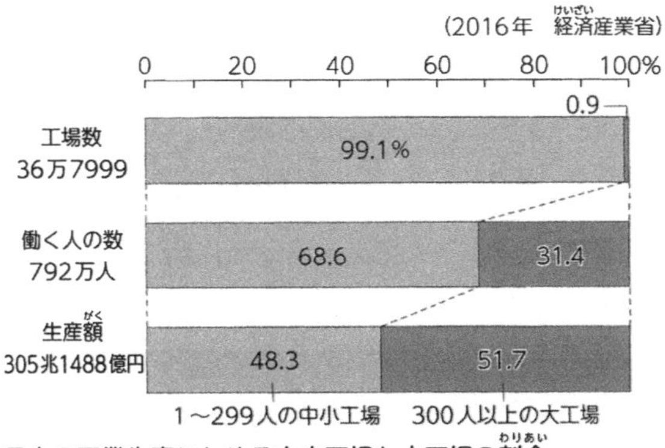

日本の工業生産にしめる中小工場と大工場の割合《わりあい》

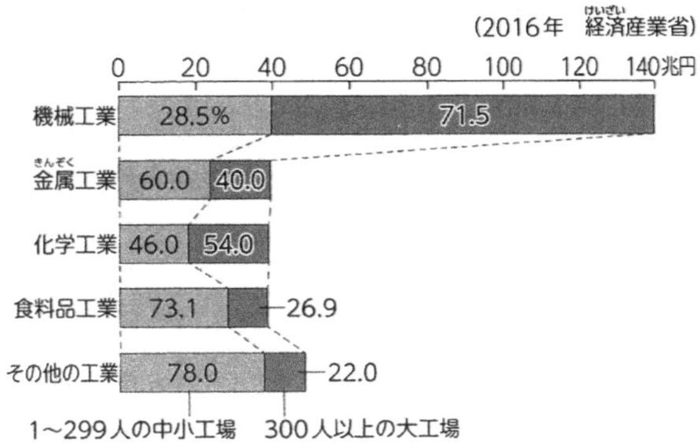

各工業の生産額にしめる中小工場と大工場の割合

ア　日本の工業では、食料品工業の生産額が最も多く、全体の７３.１％をしめている。

イ　工業のさかんな地域は海に近く、原料や部品を船で輸送している。

ウ　日本にある工場の９９％以上が中小工場で、生産額のほとんどをしめている。

エ　機械工業の生産額は、約１４０兆円で、その多くを大工場がしめている。

(B) 次の地図を見て、あとの問いに答えなさい。

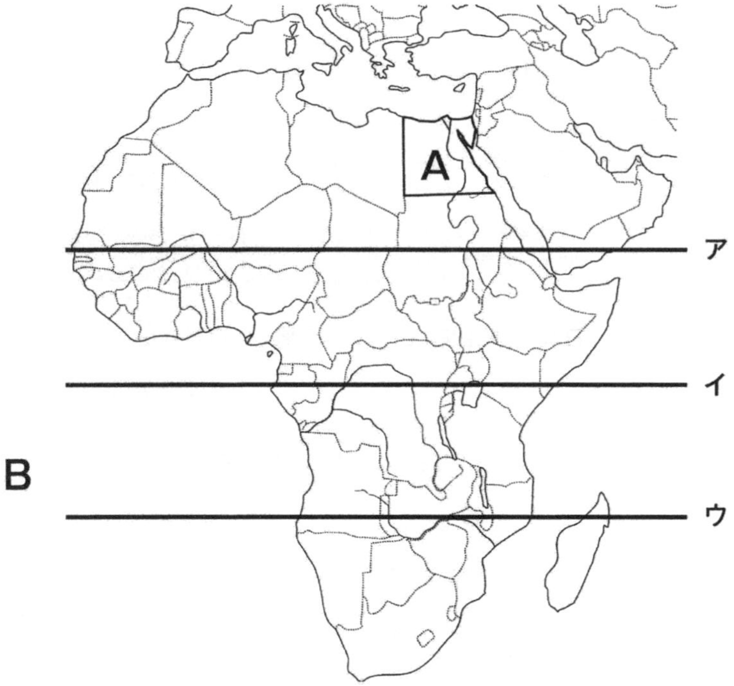

(浜島書店白地図より作成)

問 1　地図中の**A**の国名を、次の**ア**～**エ**から選び、記号で答えなさい。

ア　イギリス　　**イ**　サウジアラビア　　**ウ**　オーストラリア　　**エ**　エジプト

問 2　地図中の**B**の海の名前を、次の**ア**～**エ**から選び、記号で答えなさい。

ア　太平洋　　**イ**　大西洋　　**ウ**　インド洋　　**エ**　地中海

問 3　赤道を示す線を地図中の**ア**～**ウ**から選び、記号で答えなさい。

2 次の年表を見て、あとの問いに答えなさい。

時　代	できごと
縄　文	人々は竪穴《たてあな》住居に住み、狩《か》りや漁をし、木の実などを採集して暮らす…… ①
弥　生	邪馬台国の女王が魏に使いを送る …… ②
古　墳	各地の豪族《ごうぞく》が前方後円墳をつくる
飛　鳥	中大兄皇子と中臣鎌足により、大化の改新が行われる…… ③
奈　良	聖武天皇が、東大寺を建て大仏をつくる …… ④
平　安	平清盛が、政治に大きな影響力を持つ …… ⑤
鎌　倉	元が２度にわたって九州北部にせめてくる…… ⑥
室　町	足利義政が東山に銀閣を建てる …… ⑦
戦国 安土桃山	織田信長により、全国統一が進む …… ⑧
江　戸	町人の文化が栄える …… ⑨
明　治	条約改正の交渉《こうしょう》を行う …… ⑩
大　正	第一次世界大戦が始まる …… ⑪
昭　和	戦後、人々の生活と権利を守るための法律が整えられる …… ⑫
平　成	東日本大震災が起こる

問１　年表中の①について、次の写真は、今から５５００年前から１５００年間にわたって、人々が暮らしていた三内丸山遺跡《いせき》のものです。この遺跡がある県の位置を、地図上の**ア**～**エ**から選び、記号で答えなさい。

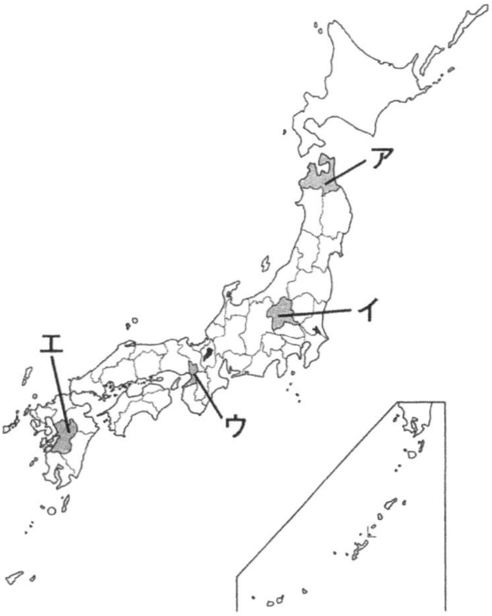

（浜島書店白地図より作成）

問２　年表中の②について、この女王の名前を答えなさい。

問３　年表中の③について、大化の改新が行われた目的を「天皇」の語句を使って答えなさい。

問４　年表中の④について、次の写真は、この時代に活躍《かつやく》した聖武天皇の持ち物や大仏の開眼《かいげん》式に使われた道具などが収《おさ》められている建物です。この建物の名前を下の**ア**～**エ**から選び、記号で答えなさい。

ア　唐招提寺　　**イ**　鹿鳴館《ろくめいかん》　　**ウ**　正倉院　　**エ**　国分寺

問５　年表中の⑤について、次の写真は、航海の守り神とされ平清盛たち平氏一族が厚く敬《うやま》った神社です。この神社の名前を下の**ア**～**エ**から選び、記号で答えなさい。

ア　鶴岡八幡宮《つるがおかはちまんぐう》　　**イ**　厳島神社《いつくしまじんじゃ》　　**ウ**　平安神宮　　**エ**　日光東照宮

令和5年度
入試解答用紙

国語

九州国際大学
付属中学校

受験番号

氏名

得点

※100点満点
（配点非公表）

一

問一
ⓐ
ⓑ
ⓒ
ⓓ
ⓔ

問二
A
B
C
D

問三
ために花を咲かせること。

問四
ア
イ

問五

問六
(1)
という特徴。
(2)

問七

令和5年度 入試解答用紙

算数

九州国際大学付属中学校

1)	点	(2)	点
3)			

1)	cm²	(2)	cm
3)	cm²		

1)	A くん 毎分 m		B くん 毎分 m
2)	時 分	(3)	回
4)			

1)		(2)	cm²
3)	cm	(4)	cm²

受験番号
氏名
得点

※100点満点
（配点非公表）

令和5年度 入試解答用紙

英語

九州国際大学付属中学校

受験番号

氏名

得点

※20点満点
（配点非公表）

問1

問2

①

②

問1

問2

令和5年度
入試解答用紙

理科

九州国際大学
付属中学校

受験番号	
氏名	
得点	

※50点満点
（配点非公表）

問1	(1)	(あ)	(い)	
	(2)		(3)	
問2	(1)	側		
	(2)			

問1	(1)	①	②
	(2)		
問2	(1)	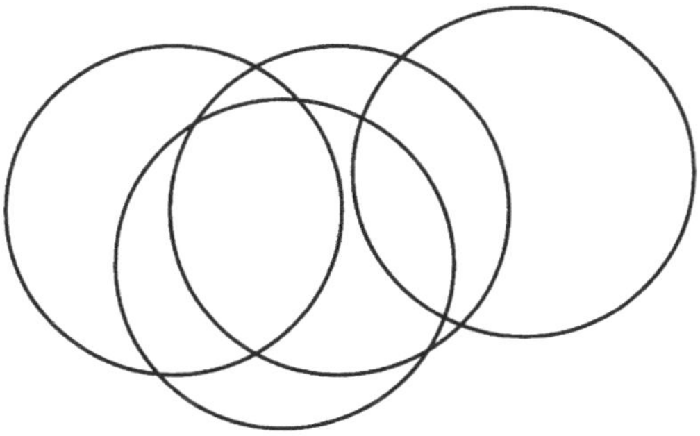	
	(2)		

問１		問２	
問３			
問４		問５	
問６		問７	
問８		問９	
問10		問11	
問12			

A）

問１		問２	
問３			

B）

問１		問２	

令和５年度
入試解答用紙
社会

九州国際大学付属中学校

受験番号
氏名
得点

※50点満点
（配点非公表）

1

（A）

問1	県	問2	市
問3			
問4	県	（記号）	
問5			

（B）

問1		問2	
問3			

1

問1	(1)		(2)	
	(3)	①	②	③
		④	⑤	
問2	(1)	(あ)	(い)	(う)
		(え)	(お)	
	(2)			
	(3)			

2

問1	(1)	①	②	③
	(2)			
問2	(1)		(2)	
	(3)			

1

問1	(1)		(2)		(3)	
	(4)					
問2	(1)		(2)		(3)	
	(4)		(5)		(6)	

2

問1 ______________________ 問2 ______________________

3

問1 ______________________ 問2 ______________________

1

(1)		(2)	
(3)		(4)	
(5)		(6)	
(7)	cm²	(8)	cm²
(9)	cm³	(10)	度

2

(1)	ページ	(2)	mL
(3)	時　　分	(4)	とおり
(5)	人	(6)	② ペットボトルのキャップの個数
(6)	① 　　個		

② ペットボトルのキャップの個数

個　数(個)	人数(人)
0以上～ 3未満	
3 ～ 6	
6 ～ 9	
9 ～12	
12 ～15	
15 ～18	
18 ～21	
21 ～24	
合　計	20

問二
A
B
C
D

問三
X
Y

問四

問五

問六

問七

三

問一
①
②
③

問二
①
②
③

問三
①
②
③
④

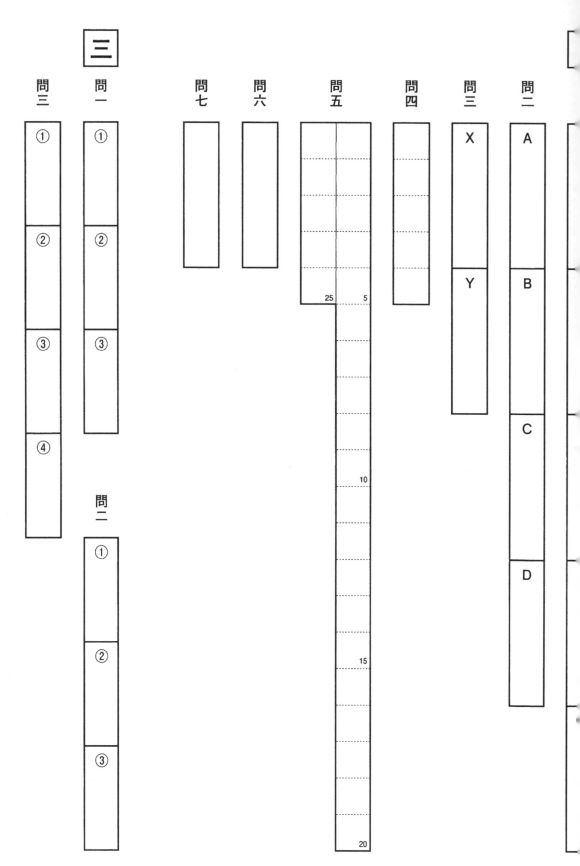

問６　年表中の⑥について、次の資料は、鎌倉幕府が滅《ほろ》ぶきっかけとなった元との戦いをえがいたものです。この戦いについて説明した文として正しいものを下の**ア～エ**から選び、記号で答えなさい。

ア　この戦いで日本は、元軍に負け続け、九州の一部を占領された。

イ　この戦いでは、執権の源頼朝が御家人を集めて、元軍と戦った。

ウ　この戦いで活躍したが、土地をもらえず不満を持つ武士が多くいた。

エ　この戦いで活躍し、土地をもらい地方の有力武士となるものが出てきた。

問７　年表中の⑦について、この時代は、次の写真のような日本独自の建築様式が広がりました。このような部屋のつくりを何というか答えなさい。

問８　年表中の⑧について、この図は長篠の戦いの様子をえがいたものです。この戦いでは、ある武器を効果的に使った戦法で、織田信長・徳川家康の連合軍が、武田軍の騎馬《きば》隊を破りました。その武器を何というか答えなさい。

問９　年表中の⑨について、この時代の文化について説明した文として**あやまっているもの**を次の**ア～エ**から選び、記号で答えなさい。

ア　観阿弥・世阿弥の父子が能を完成させた。
イ　木版の技術を用いて、色あざやかな浮世絵《うきよえ》が大量につくられた。
ウ　松尾芭蕉は、自然をたくみによみこんだ味わい深い俳句《はいく》を数多くつくった。
エ　近松門左衛門は、町人の姿を生き生きとえがいた芝居の脚本《きゃくほん》を数多くつくった。

問10　年表中の⑩について、関税自主権を確立し、不平等条約の改正を達成した人物を次の**ア～エ**から選び、記号で答えなさい。

ア　板垣退助

イ　陸奥宗光

ウ　伊藤博文

エ　小村寿太郎

問11　年表中の⑪について、第一次世界大戦後に国際社会の平和と安全を守ろうとする組織がつくられました。これを何というか答えなさい。

問12　年表中の⑫について、次の**ア～エ**のできごとを年代の古い順にならべ、２番目にくるものを記号で答えなさい。

ア　日米安全保障条約が結ばれた。
イ　アジアで初めて東京オリンピック・パラリンピックが開かれた。
ウ　沖縄が日本に復帰した。
エ　日本国憲法が公布された。

3 次の問いに答えなさい。

(A) 次の図は、日本国憲法の三原則を表したものです。これを見て、あとの問いに答えなさい。

【図】

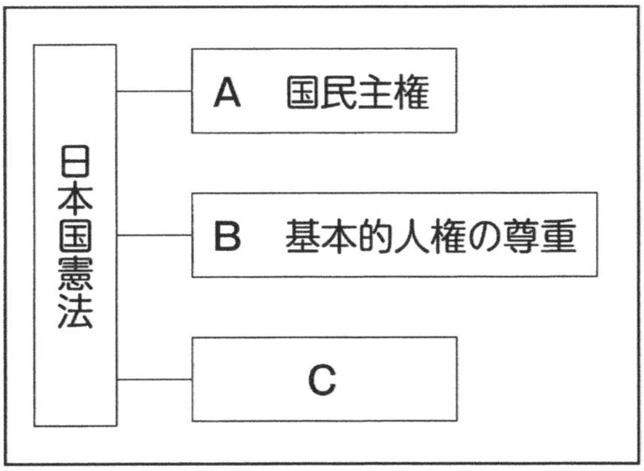

問1　Aの国民主権に関して、2022年7月10日にある選挙の投開票が行われました。このことについて説明した次の文の空らんにあてはまる語句を入れなさい。

この選挙は【　　】院のもので、3年ごとに議員の半数が改選されます。

問2　Bに関して、私たちの基本的人権を守るために様々な法律がつくられています。法律をつくるのはどの機関ですか。次の**ア**～**エ**から選び、記号で答えなさい。

ア　国会　　**イ**　裁判所　　**ウ**　内閣　　**エ**　市役所

問3　図中の**C**にあてはまる語句を答えなさい。

(B) 日本の人口に関する次の問いに答えなさい。

問１　現在の日本は、人口が減少する社会となっています。人口の減少が暮らしにおよぼす影響《えいきょう》として**あやまっているもの**を次の**ア～エ**から１つ選び、記号で答えなさい。

ア　地域から学校や病院などが減っていく。
イ　税金による地方自治体や国への収入が減っていく。
ウ　鉄道やバスの便が増えていく。
エ　高齢《こうれい》者だけの世帯が増えていく。

問２　次のグラフは、「生まれた子どもの数と、人口にしめる６５歳以上の高齢者の割合」（総務省、厚生労働省）を表したものです。このグラフから読みとれる内容としてふさわしいものを下の**ア～オ**から**すべて**選び、記号で答えなさい。

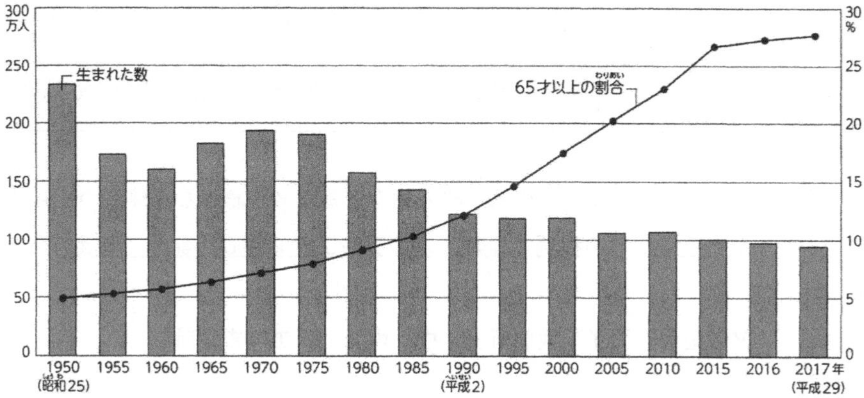

ア　２０１７年に生まれた子どもの数は、１９７０年のおよそ４分の１になっている。
イ　２０１５年に生まれた子どもの数は、約１０万人である。
ウ　６５才以上の人の数は、このグラフからは分からない。
エ　６５才以上の人の割合は、増え続けている。
オ　１９５０年以降、生まれた数は減り続けている。

令和４年度　入学試験問題

国　語

九州国際大学付属中学校

【注意事項】

1　開始合図のチャイムが鳴るまで、この問題用紙の中を見てはいけません。

2　開始合図のチャイムが鳴ったら、最初に解答用紙と問題用紙に受験番号・氏名を書きなさい。

3　試験時間は50分です。

4　解答はすべて、問題の指示にしたがって解答用紙に記入しなさい。

5　問題用紙で、印刷がはっきりしないところがあったら、静かに手をあげなさい。

6　答案ができあがっても、終了合図のチャイムが鳴るまで静かに着席していなさい。

受験番号				氏名	

一　次の文章をよく読んで、あとの問いに答えなさい。字数指定のある問題は、句読点なども一字と数えます。なお、まだ習っていない漢字については、読みがなを付けたり、ひらがなで表記したりしています。

私の娘《むすめ》が小学校の中学年ぐらいになったときに、ムカツクとかうざいといったたぐいの言葉をよく使うようになりました。そのあたりから、友だちへのまなざしがどうもよくない、友だちをマイナスの面から見ることが多くなり、家族やまわりの人たちへのギスギスした態度が目についてきました。そこで、そうした言葉を使わないようにとアドバイスしてみました。その言葉にはいくつかあって、私はそれらをとりわけ子どもたちにとっての「コミュニケーション阻害《そがい》語→じゃまをする」と名づけて気にかけるようになりました。【中略】

阻害語の代表的なものが、①「ムカツク」と「うざい」という二つの言葉です。

この言葉は、このところ若者を中心にあっという間に定着してしまった感のある言葉です。「ムカツク」とか「うざい」というのはどういう言葉かというと、自分の中に少しでも不快感が生じたときに、そうした感情をすぐに言語化→言葉として言い表せるさまできる、非常にⓐベンリな言語的ツール→道具なのです。

A、自分にとって少しでも異質だと感じたり、これは苦い感じだなと思ったときに、すぐさま「おれは不快だ」と表現して、異質なものとX折り合おうとする意欲を即座《そくざ》→何のためらいもなくすぐにに遮断《しゃだん》してしまう言葉です。しかもそれは他者に対しての攻撃《こうげき》の言葉としても使えます。「おれはこいつが気に入らない、嫌《きら》いだ」ということを根拠《こんきょ》もなく感情のままに言えるということです。ふつうは「嫌いだ」と言うときには、「こういう理由で」という根拠を添《そ》えなければなりませんが、「うざい」の一言でⓑスンデしまうわけです。自分にとって異質なものに対して端的《たんてき》→てっとり早いさまな拒否《きょひ》をすぐ表明できる、ⓒアンイでベンリな言語的ツールなわけですね。

B人とのつながりを少しずつ丁寧《ていねい》に築こうと思ったとき、これらの言葉はなおさら非常に問題をはらんだ→何かをふくみ持った言葉になるのです。

どんなに身近にいても、他者との関係というものはいつも百パーセントうまくいくものではありません。問題を構築していく中で、常にいろいろな阻害《そがい》要因が発生します。他者は自分とは異質なものなのですから、当然です。じっくり話せば理解し合えたとしても、すぐには気持ちが伝わらないということもあります。そうした他者との関係の中にある異質性を、ちょっと我慢《がまん》して自分の中になじませる努力を最初から放棄《ほうき》→やるべきことをやらないでほうっておくことしているわけです。

つまり「うざい」とか「ムカツク」と口に出したとたんに、これまで私が幸福を築くうえで大切だよと述べてきた、異質性を受け入れた形での親密性、親しさの形成、親しさを作り上げていくという可能性は、ほとんど根こそぎゼロになってしまうのです。これではコミュニケーション能力が高まっていくはずがありません。

C、流行語になるずっと以前から、「むかつく」とか、「うざったい」という言葉はありました。でもあまり日常語として頻繁《ひんぱん》→同じことが何回も起こるさまに現れるということはありませんでした。なぜかといえば、現在の状況《じょうきょう》のように、②すぐに「ムカツク」とか「うぜー」と表現することを許すような、場の雰囲気《ふんいき》というものがなかったのです。でも今はあります。

「ムカツク」「うざい」が頻繁に使われる以前はどうしていたのでしょうか。私たちの世代でも今の若い人たちと同じように、ムカついたり、うざいという感情を持つことはあったはずです。でもそれを社会的に表現するには、それだけの理由、相手に対するそういう拒絶を表現してもいいのだという根拠を与える理由がないと言えないという雰囲気があったわけです。

それが今は、ⓓシュカン的な心情を簡単に**発露**《はつろ》（→気持ちを自然に表すこと）できてしまうほど、社会のルール性がゆるくなってしまったのだと思います。昔は、そんな言葉はきちんとしたＹ正当性がない限り、言ってはいけないという**暗黙**《あんもく》**の了解**《りょうかい》（→口に出さなくとも分かり合っていること）がありました。だから、いくらムカついてもグッと言葉を飲み込んでおくことによって、ある種の**耐性**《たいせい》（→がまんしておける性質）がうまく作られていったと思うのです。

［Ｄ］、ここで私の娘《むすめ》の話に戻《もど》るのですが、こうした言葉を言わなくなってから人に対する彼女のⓔタイドがハッキリ変わりました。自分が気に入らない状況やまるごと**肯定**《こうてい》（→まちがいないと認めること）してはくれない他者に対して③ある程度耐性が出来上がったようなのです。それは単に年《ねん》齢《れい》が上になったからとか、少し大人になったからといった自然成長的な変化ではありません。彼女《かのじょ》の内面で確実に何かが変わったのだと思います。

（菅野　仁『友だち幻想《げんそう》』ちくまプリマー新書より）

問一　＝＝線ⓐ～ⓔのカタカナを漢字に直しなさい。ただし、送りがなが必要なものは、適切につけなさい。

問二　〰〰Ｘ・Ｙの文章中における意味として適切なものを次から一つ選び、それぞれ記号で答えなさい。

Ｘ「折り合おうとする」

ア　ゆずりあって解決しようとする　　イ　一方的に解決しようとする

ウ　自分だけ我慢しようとする　　エ　人に任せようとする

Ｙ「正当性」

ア　特別な事情に当てはまるさま　　イ　普通の状態であるさま

ウ　時代をこえて当てはまるさま　　エ　理屈《りくつ》や筋が通っているさま

問三　[A]～[D]にあてはまる言葉を、次からそれぞれ一つずつ選び、記号で答えなさい。

ア　だから　**イ**　しかし　**ウ**　さて　**エ**　もっとも　**オ**　つまり

問四　――①『「ムカツク」と「うざい」という二つの言葉です』とありますが、これらの言葉の特徴を次のように説明しました。[1]～[3]にあてはまる言葉を、文章中からそれぞれ二字で書きぬきなさい。

◎自分が少しでも嫌《いや》な思いをした時に、相手にすぐに[1]を表明でき、しかも相手に対して[2]の言葉としても使え、二人の関係をただちに[3]してしまうという特徴。

問五　――②「すぐに「ムカツク」とか「うぜー」と表現することを許すような、場の雰囲気」について、次の各問いに答えなさい。

(1)現在では、なぜこのような雰囲気になっているのですか。「～から。」につながるように、文章中から十八字で書きぬきなさい。

(2)昔は、どのような雰囲気があったのですか。そのことが説明されている一文を文章中からぬき出し、最初の五字を書きなさい。

問六　――③「ある程度耐性が出来上がった」とありますが、ここでの「耐性」とはどのような性質ですか。「～性質。」につながるように、文章中から三十四字でぬき出し、最初の六字を書きなさい。

問七　この文章で筆者は、「コミュニケーション能力」を高めていくために、何を築き上げていく必要があると述べていますか。文章中から十五字で書きぬきなさい。

問八　この文章の論の進め方を説明したものとして、最も適切なものを次から一つ選び、記号で答えなさい。

ア　最初に結論を述べることにより、読者が読みの構えを作った上で読み進められるよう工夫されている。

イ　最初に疑問を投げかけることで、読者の注意をひきつけ、その疑問に答えていく形で論を進めている。

ウ　父と娘、昔と今のように対比して述べていくことにより、筆者の意見を強調しながら話を進めている。

エ　具体例を効果的に用い読者に興味や関心を持たせながら、さらに筆者の意見に説得力も持たせている。

二

次の文章をよく読んで、あとの問いに答えなさい。字数指定のある問題は、句読点なども一字と数えます。なお、まだ習っていない漢字については、読みがなを付けたり、ひらがなで表記したりしています。

> ぼくは、九歳《きゅうさい》の小学生です。今年の夏休みは、いつもとちがって、日ごろめったに家にいない父と一緒《いっしょ》に過ごすことになりました。そして、夏休みも後半になったある日のお話です。

お父さんの仕事が終わると、ぼくらの夏休みは、もはや十日を切っていた。

「よーし、宿題は終わった！」お父さんは叫《さけ》んだ。

「やった、遊ぼうぜ！」ぼくも叫んだ。

①自分のことしか考えられないお父さんの性格は、ぼくにとっては好都合だ。お母さんがここにいれば「次はあなたの宿題の番ね」と言うに違《ちが》いないから。もちろん、ぼくの宿題はぜんぜん終わっていない。

とりあえず、ぼくらはまた市営プールにいった。ぼくは監視員《かんしいん》の目を盗《ぬす》んで、底まで潜水《せんすい》し、塩素剤《えんそざい》のタブレットを拾ったり、吸水口にお尻《しり》をつけて、あの吸いこまれるかんじを楽しんだ。お父さんと並んで背泳ぎもした。ぷかぷか浮《う》かんでいると、耳のそばで水がゆれる。たぷたぷという水音とみんなの笑い声がまざるのを聞くのが、好きだ。でも残念ながら、視界は灰色だった。黄色い太陽をみられたらいいのに。台風が接近していて、空は［A］曇っていた。

あくる日は、ひさしぶりに自転車に乗った。お父さんが、ベランダに放置されていたお母さんの自転車をみつけだし、修理したのだ。自転車のいいところは、たくさんある。走れること、風と一体になれること、自由に動かせること。

ぼくらはⓐ雑木林へいき、どこまで手放し運転できるか競争し、ブレーキをかけずに坂道をくだる競争もした。虫とり競争では、ぼくがバッタを二十七匹《ひき》、お父さんがせみを九匹つかまえ、ぼくが勝った。エアガンで空き缶《かん》を撃《う》つ競争は、意外なことに引き分けた。初心者のぼくの命中率と、慣れているはずのお父さんの命中率が、ほぼ同点だったのは、お父さんいわく「老眼がはじまって、みえにくいから」だそうで、だけどそんなのはX負け惜《お》しみだと、ぼくは思った。侮《あなど》れなかったのは、ゆで卵むき競争だ。ゆで卵の両はじをごつんと割り、割れた部分にくちをつけて息を吹《ふ》くと、一気に殻《から》がむける。むこう側に、びゅるんと中身が飛びだすのがおもしろい、卵のむきかただ。これは負けたことがない。割る部分を最小限にし、ちいさめの吹きこみぐちを作るのがコツだ。でも、ぼくは三つとも、お父さんには敵《かな》わなかった。

一日じゅう、ⓑ小雨がぱらつき、ときどき止んだ。だけど、樹のしたにいると、枝葉が傘《かさ》代わりになって、ほとんどぬれない。遊んだあとは石に座り、お父さんはビールを、ぼくはファンタグレープを飲んだ。お父さんがこぼしたビールの池には、なめくじが泳いでいた。ビールが好物らしく、ちゅうちゅう吸っていたのが、かわいらしかった。

夜は、ろ過大会をした。アイデアをだしたのは、ぼくだ。以前から興味があったのだけれど、機会（と度胸）がなく、すくなくとも、お母さんがいたら絶対にできないことのひとつだった。

我が家には、ブリタというメーカーの、ろ過式浄水器《じょうすいき》がある。プラスチック製の、ポット型で、なかは上下二段にわかれている。上部から水道水を注ぎこみ、真ん中にあるフィルターで、こされると、下部にはきれいな水ができる仕組みだ。水は、だけど、透明《とうめい》だ。ほんとうに浄水されているのか、見た目にはわからない。ろ過した水と、していない水を、飲み比べたことはあるけれど、味も違《ちが》いがわからない（ぼくはそれほどグルメじゃなかった）。

ぼくがⓒ試してみたいのは、たとえば、オレンジジュースだった。オレンジジュースをろ過したら、透明の液体がしたに落ちて、味や匂《にお》いはオレンジジュースのままかも知れない。あるいは、まったくの水になるのかも。最悪なのは、色も味も匂いもそのまんま（ろ過なんて、でたらめ）というパターンだ。

話してみると、

「いいね」と、お父さんは目を輝《かがや》かせ、

「どれどれ」

ⓓ率先して台所へいき、浄水器をリビングへもってきた。②テーブルに置き、ぼくらはうやうやしく、フタを開ける。そうして、冷蔵庫をのぞきこむ。オレンジジュースは見当たらない。あるのは、ビールだけだった。

「紅茶でもいれてみようか」ぼくが言うと、

「これでいいんじゃないか」お父さんは缶《かん》ビールをとりだして、浄水器に、どぼどぼと注ぎこんだ。

容器の上部に、泡《あわ》がたつ。［B］とふくらむ泡は、まるで真夏の雲みたいだ。泡がおさまると、金色の液体になった。あぶくが、［C］とのぼってくる。長いこと、ぼくらはかじりつくようにして見守った。水よりも、ろ過に時間がかかるのは、期待できる証拠《しょうこ》だった。

ぽたん。ぽたん。やがて、水滴《すいてき》が下部の容器にⓔ垂れはじめた。空っぽの底に、こぼれ落ちたのは、水の色だ。

「おお！」ぼくらは同時に息を飲んだ。

ろ過された液体は、一見すると透明だけれど、量がたまってくると、ほんのわずかに金色がかっている。飲んだら、いったい、どんな味がするんだろう。そわそわして、足の指がつい動いてしまう。貧乏《びんぼう》ゆすりをすると、お母さんに注意されることを思い出したけれど、隣《となり》ではお父さんも爪先《つまさき》を動かしていた。③ぼくらはおんなじ気持ちだった。ああ、たまらない。早く味わいたい。と、興奮してきたところで、はたと気がついた。

ビールじゃ、ぼくは飲めないじゃないか！

お父さんしか味見できない液体を注ぐなんて、ぼくもばかだけれど、お父さんだってあまりにYうかつだ。だけど、あきらめたくはない。

「ぼくも飲むよ」宣言すると、

「だな」お父さんは浄水器《じょうすいき》から視線を外さず、さもなんでもないことのように答えた。

ろ過された透明《とうめい》な液体を、二個のグラスに注いだのは、お父さんだった。グラスをぼくにさしだしてくれる。生まれてはじめてのお酒だ。鼻先に近づけると、水のような色をした液体の、匂いはビールだった。というよりも、ビールを飲んだあとのお父さんの匂いというほうが、ぴったりきている。慎重《しんちょう》に、ひとくち飲む。ひどい味だ。見た目は水みたいなのに、D した苦さがあり、こんなものは水とはいえない。もしも、これがビールの味だというならば、ぼくは一生飲まないだろう。

けれども、お父さんは、

「水だ」と、顔をしかめた。

「こんなものはビールとはいえない」舌をだして、そう続ける。

よかった。これはビールじゃないらしい。ぼくはほっとした。夏の大人はみんな、世界一うまい飲み物みたいに、喉《のど》を鳴らしてビールを飲むから。危うく将来の楽しみが減ってしまうところだった。「まずいな」お父さんは言い、「まずいね」ぼくも言った。④味わいかたは正反対だったけれど、ぼくらは結果、意見をおなじくしたのだった。

（唯野未歩子『はじめてだらけの夏休み』より）

問一 ═線ⓐ～ⓔの漢字について、その読みをひらがなで書きなさい。

問二 ～～X・Yの本文中における意味として適切なものを次から一つ選び、それぞれ記号で答えなさい。

X 「負け惜しみ」

ア 決して弱音をはかないこと　**イ** しっぽをまいてにげること
ウ くやしくて腹を立てること　**エ** すなおに認めず強がること

Y 「うかつだ」

ア せっかちなさま　**イ** うっかりしているさま
ウ がっかりしているさま　**エ** まちがったさま

問三 [A]～[D]にあてはまる言葉を次から一つずつ選び、それぞれ記号で答えなさい。

ア いがいが　**イ** きらきら　**ウ** ぐずぐず　**エ** ゆらゆら　**オ** もこもこ

問四 ―①「自分のことしか考えられないお父さんの性格」とありますが、この様子について次のように説明しました。[1]・[2]にあてはまる言葉を指定された字数で、文章中からそれぞれ書きぬきなさい。

◎自分の仕事が終わったことをのみ喜び、息子の[1（二字）]などいっこうに気にかけない様子や、ろ過したビールを飲むことを、息子の年齢など一切気にかけず、[2（八字）]ことのように許してしまう様子のこと。

問五 ―②「テーブルに置き、ぼくらはうやうやしく、フタを開ける」とありますが、この時の二人の様子を説明したものとして、最も適切なものを次から一つ選び、記号で答えなさい。

ア これから起こることに期待し、浄水器に敬意をもって、ていねいにふたを開けている様子。
イ ろ過大会という儀式に際し、二人が緊張して手をふるわせながらふたを開けている様子。
ウ どんな結果になるかワクワクしながらも、はやる気持ちを抑えながらふたを開けている様子。
エ いっこくも早く実験を行いたいという気持ちから、すばやくふたを開けている様子。

問六 ――③「ぼくらはおんなじ気持ちだった」とありますが、二人ともどのような気持ちなのですか。「ビールが」という書き出しに続くように、文章中の言葉を使って、六十字以内で答えなさい。

問七 ――④「味わいかたは正反対だったけれど、ぼくらは結果、意見をおなじくしたのだった」とありますが、このときの様子をクラスで考えてみることになりました。次に示す文章は、ある生徒の考えです。［1］・［2］については、指定された字数で文章中から書きぬき、［3］・［4］については、自分で考えて書きなさい。

> 「味わいかた」については、「お父さん」が「こんなものはビールとはいえない」と言っているのに対して、「ぼく」は、「［1（十三字）］」と考えているところが、正反対だと思うよ。「意見」については、二人とも「［2（三字）］」と言っているところが一致しているな。「ぼく」は、このような結果になったことを内心［3（五字以内）］思っていると想像できるので、だんだんと「お父さん」のことが［4（十字以内）］と考えたよ。

問八 この文章の表現の工夫として最も適切なものを次から一つ選び、記号で答えなさい。

ア 擬態語《ぎたいご》や擬声語《ぎせいご》、たとえの表現を使うことで、読者がイメージしやすいように工夫している。

イ 過去のできごとを間にはさむことで、ものがたりにおく行きをもたせるように工夫している。

ウ 短文や会話文を多用することで、ゆっくりとものがたりが進んでいくように工夫している。

エ まわりの景色の様子をえがくことで、登場人物の気持ちが想像できるように工夫している。

三 次の問いに答えなさい。

問一 次のことわざと似た意味を持つことわざを**ア〜エ**から一つずつ選び、それぞれ記号で答えなさい。

① 馬の耳に念仏
ア 犬に論語
イ 烏《からす》の行水
ウ 狐《きつね》の嫁《よめ》入り
エ 虎《とら》の尾《お》を踏《ふ》む

② 石の上にも三年
ア 火中の栗《くり》を拾う
イ 短気は損気
ウ 雨降って地固まる
エ 待てば海路の日和《ひより》あり

③ 机上の空論
ア 百聞は一見にしかず
イ 他山の石
ウ 絵に描《か》いた餅《もち》
エ 宝の持ち腐《くさ》れ

問二 次の□に同じ漢字を入れると四字熟語ができます。□に入る漢字一字をそれぞれ答えなさい。

① 先生の話を□言□句聞きもらさないように集中して話を聞いた。
② 彼女《かのじょ》は□利□欲に負けず、いつも人のことを考えて行動することができる。
③ 選手を□材□所で起用して、試合に勝ち続けている。

問三 次のカタカナの漢字と同じ漢字が使われているものを**ア〜エ**から一つずつ選び、記号で答えなさい。また、その漢字一字を書きなさい。

① 必要な物資を提**キョウ**する。
ア 効率よく水を**キョウ**給する。
イ **キョウ**土の歴史を調べる。
ウ 今日の対戦相手は**キョウ**敵だ。
エ 彼《かれ》とは**キョウ**通点が多い。

② 平安時代の**キ**族の生活を調べる。
ア この道はせまくて**キ**険である。
イ 合唱コンクールで指**キ**をした。
ウ **キ**重な資料を手に入れた。
エ 厳しい**キ**準を設ける。

③ 公**シュウ**電話の数が減っている。
ア 水をよく吸**シュウ**する素材だ。
イ 大勢の観**シュウ**がうめつくしている。
ウ 世界にはさまざまな**シュウ**教がある。
エ 彼《かれ》は会社の社長に**シュウ**任した。

④ 昨日見た映画の**ヒ**評を調べる。
ア 犬が好きな人の**ヒ**率が高い。
イ **ヒ**蔵の刀を公開する。
ウ 周囲から**ヒ**判を受ける。
エ うわさを**ヒ**定する。

令和４年度 入学試験問題

理　　科

九州国際大学付属中学校

【注意事項】

1　開始合図のチャイムが鳴るまで、この問題用紙の中を見てはいけません。

2　開始合図のチャイムが鳴ったら、最初に解答用紙と問題用紙に受験番号・氏名を書きなさい。

3　試験時間は30分です。

4　解答はすべて、問題の指示にしたがって解答用紙に記入しなさい。

5　問題用紙で、印刷がはっきりしないところがあったら、静かに手をあげなさい。

6　答案ができあがっても、終了合図のチャイムが鳴るまで静かに着席していなさい。

受験番号				氏名	

1　気温と動物の活動の関係について、次の問いに答えなさい。

問1　九太郎くんは、１年かけてオオカマキリの観察を続けました。次の**(あ)**～**(え)**は、九太郎くんが書いた観察カードです。

(あ)

オオカマキリ ［　　　］
［　　　］［　　　］

・木の葉の上に幼虫がいた。成虫のカマキリと同じような形をしていた。
・色はうすい黄色だった。
・大きさは１cm くらいだった。

(い)

オオカマキリ ［　　　］
［　　　］［　　　］

・木の葉の上を歩いていた。
・おなかがふくらんで大きくなっていたので、卵を産むかもしれないと思った。

(う)

オオカマキリ ［　　　］
［　　　］［　　　］

・体の色は黄緑色だった。前に見たときよりも、大きかった。
・じっとして、あまり動かなかった。食べ物をさがしていたのかもしれないと思った。

(え)

オオカマキリ ［　　　］
［　　　］［　　　］

・成虫は見つからなかった。
・かれた草むらで、らんのうを見つけた。
・図鑑によるとらんのうはスポンジみたいなつくりで、中のⓍの集まりを守っているらしい。

(１)　季節の変化とオオカマキリのようすの関係がわかるようにするには、観察カードの［　　　］のところに、何を記録するとよいですか。次の**ア**～**オ**の中から３つ選び、記号で答えなさい。

ア　観察した場所
イ　観察した月日と時間
ウ　観察したときのグループの人数
エ　観察した日の天気と気温
オ　記録するのにかかった時間

(２)　観察カード**(あ)**～**(え)**を、**(あ)**を先頭にして、季節の移り変わる順にならべかえなさい。

(３)　観察カード**(え)**の中のⓍは、何ですか。名前を答えなさい。

(４)　観察カード**(え)**の季節は、春・夏・秋・冬のどれですか。

(５)　観察カード**(え)**の季節に、カブトムシはどこで、どのような姿で過ごしていますか。簡単に答えなさい。

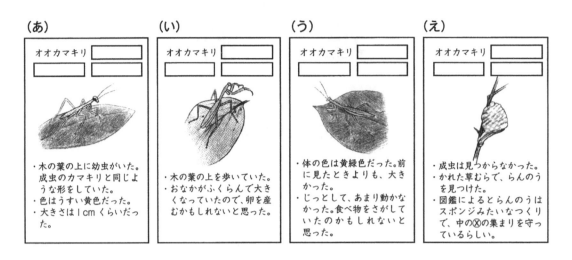

問２　動物は、気温の変化によって、活動がさかんになったり、にぶくなったりします。また、同じ場所でも、季節によって見られる動物の種類が変わります。

ツバメやハクチョウは季節によって移動します。**図１**、**図２**は、それぞれが移動するようすを表しています。

図１

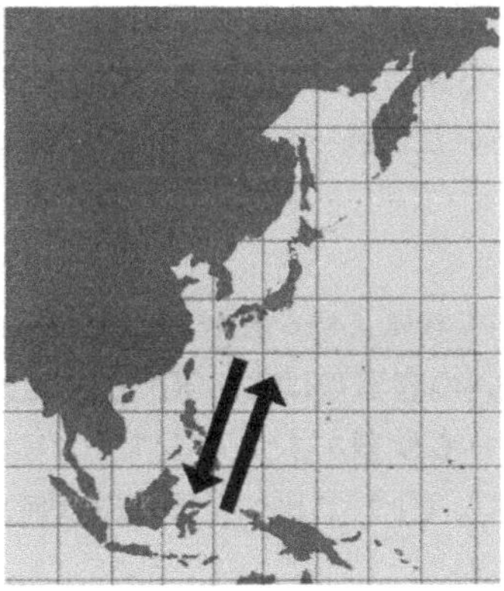

図２

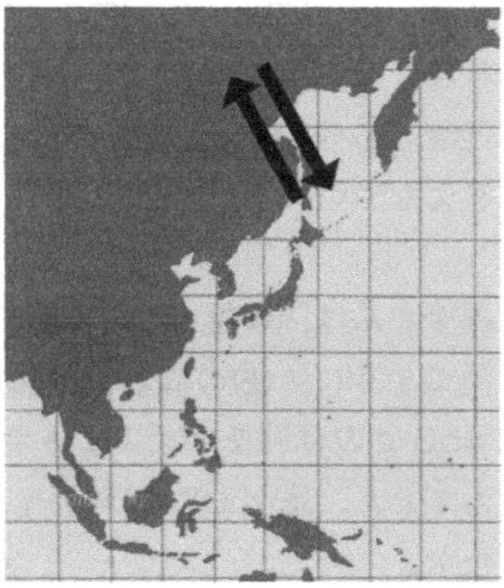

（１）　ツバメの移動を表しているのは、**図１**、**図２**のどちらですか。記号で答えなさい。

（２）　下の □ の文は、ツバメとハクチョウの移動について説明したものです。
これについて、次の①・②に答えなさい。

①　**（あ）**～**（う）**にあてはまる語句を、次の**ア**～**エ**の中からそれぞれ選び、記号で答えなさい。

ア　春　　　**イ**　夏　　　**ウ**　秋　　　**エ**　冬

②　**（Ａ）**・**（Ｂ）**にあてはまる語句を、次の**ア**～**エ**の中からそれぞれ選び、記号で答えなさい。

ア　東　　　**イ**　西　　　**ウ**　南　　　**エ**　北

「ツバメは、**（あ）**になると**（Ａ）**の国からやってきて、日本で２度ほどひなを育てます。ひなを育てるためには、エサとなるたくさんの虫を必要とします。しかし、**（い）**が終わると、これらの虫はあまり見られなくなってしまいます。そのため、ツバメは**（Ａ）**の国へわたって行くので、**（い）**鳥とよばれます。」

「ハクチョウは、**（う）**になる前に**（Ｂ）**の国からやってきます。日本にやってくる一番の理由は食べ物のためだと考えられています。ハクチョウは水草の葉・茎《くき》、昆《こん》虫、貝など何でも食べますが、氷で閉ざされてしまう**（Ｂ）**の国をさけて、日本にやってくるそうです。そして、**（う）**が終わるころ、**（Ｂ）**の国へ戻ります。」

2　もののとけ方について、次の問いに答えなさい。

問1　国子さんは、シロップを作りたいと思いました。

（1）　まず、水200mLに砂糖《さとう》を300ｇ加えてかき混ぜました。すべてとけたので、ここからは砂糖を50ｇずつ加えていきました。そして、3回目に50ｇを加えたときに、いくらかき混ぜても砂糖がとけ残ってしまいました。砂糖がとけ残ったのはなぜですか。理由を簡単に答えなさい。

（2）　国子さんは、砂糖のとける量を増やすにはどうすればよいか実験をしました。
　図のように、㋐の容器にはお湯200mLを、㋑の容器には水300mLを用意し、それぞれ450ｇの砂糖を加えてかき混ぜました。どちらも砂糖がすべてとけて、ちがいがありませんでした。㋐と㋑の砂糖をすべてとかすために、（1）と比べてそれぞれ何を変化させましたか。

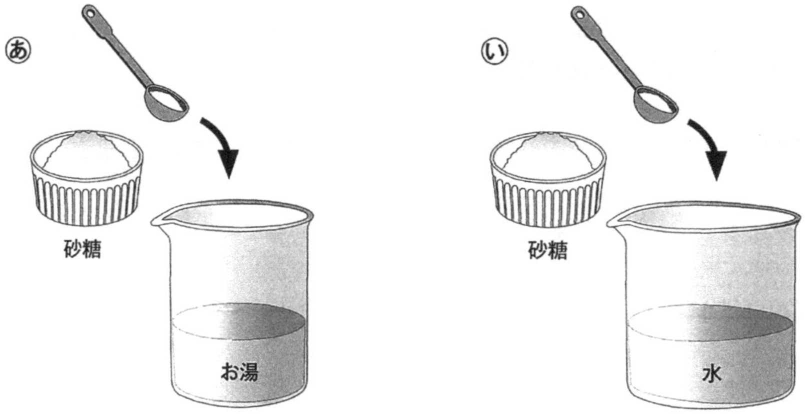

問2　国子さんは、食塩とミョウバンについて水50mLにとける量を、水の温度を変えて調べました。下の表は、その結果をまとめたものです。

温度（℃）	食塩（g）	ミョウバン（g）
0	17.8	2.9
20	17.9	5.7
40	18.2	11.9
60	18.5	28.7
80	19.0	161.0

（1）　80℃の湯にミョウバンをとかした水よう液を20℃まで冷やしました。何gのミョウバンが出てきましたか。また、食塩について、同じように調べると、何gの食塩が出てきますか。

（2）　国子さんは、0℃から80℃までの水でつくったミョウバンの水よう液を1つのビーカーに集め、3日間そのまま置いておきました。3日後に調べてみると、水の温度は20℃になっていて、ビーカーの底にミョウバンが出ていました。何gのミョウバンが出ていましたか。

（3）　下の資料は、昭和の中ごろ、兵庫県赤穂《あこう》市で行われていた流下式枝条架塩田《りゅうかしきしじょうかえんでん》といわれる日本の伝統的な塩づくりのようすです。この方法では一度にたくさんの塩をとり出すことができます。なぜたくさんの塩をとり出すことができるのでしょうか。理由を簡単に答えなさい。

(あ) 太陽の熱がしっかりあたり、風がよく通るように竹の小枝を階段状に組み、上から海水を流し、下まで落ちてきた海水を集めます。

流下式枝条架塩田→

(い) 集めた海水を熱し、出てきた塩を集めます。

3 影《かげ》のでき方、雨水の行方について、次の問いに答えなさい。

問1 下の図は、国子さんが**午前10時**に友達といっしょに影ふみ遊びをしている様子を表したものです。

（1） 影はどうしたらできますか。次の文の（　　）にあてはまる言葉を答えなさい。

「影は、太陽の光を（　　）とできる。」

（2） 図の中の **(あ)** は、影のでき方にまちがっているところがあります。

① まちがっているところを「方向」という言葉を使って、簡単に説明しなさい。

② 図の中には、ほかにも影のでき方がまちがっているところがあります。まちがっているところをすべて見つけ、解答用紙の図に○でかこみなさい。

（3） ２時間後、影はどのように移動しますか。向きと大きさに気をつけて、解答用紙の図の中に影をかきこみなさい。

4 九太郎くんの家から学校に行く途《と》中に公園があります。九太郎くんは家から学校まで走って向かいました。九太郎くんは家から600mのところにある公園でしばらく休けいをして、再び同じ速さで学校に向かいました。また、国子さんは、九太郎くんが家を出たときに公園を出発し、毎分60mの速さで学校に向かいました。

下のグラフは、九太郎くんが家を出てから学校に着くまでの時間と家からの道のりを表しています。このとき、次の問いに答えなさい。

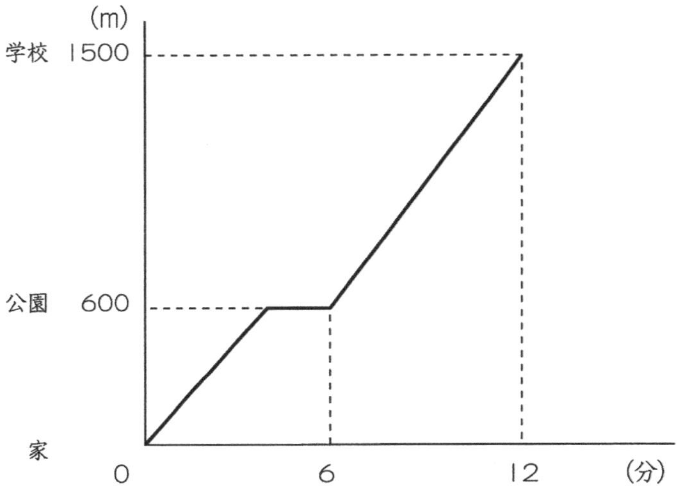

(1) 九太郎くんは、毎分何mの速さで走りましたか。

(2) 九太郎くんは、公園で何分間休けいしましたか。

(3) 国子さんは、九太郎くんより何分遅れて学校に着きましたか。

(4) 国子さんが九太郎くんに追い抜かれるのは、学校から何mのところですか。

5 図１のような直方体の容器に、毎分２L ずつ水を入れていきます。
次の問いに答えなさい。

図１

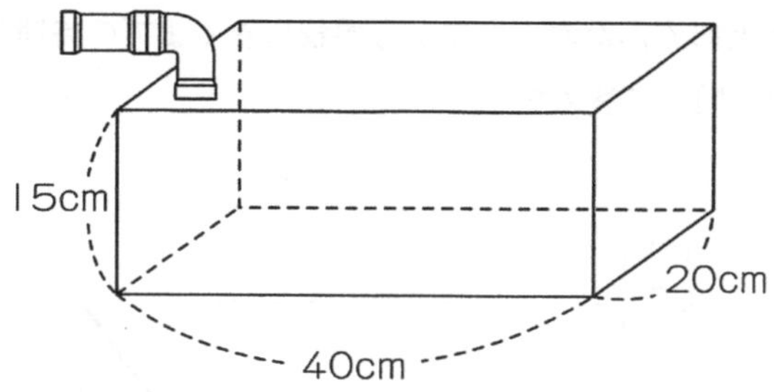

（1） 水を５分入れたときの水の高さは何 cm ですか。

（2） この容器は水を入れ始めてから何分後に、いっぱいになりますか。

図２のように、この容器の中に仕切りをつけ、(あ)(い)の２つの面に分けました。
仕切りをつけるときに、あやまって(い)の面に穴を開けてしまいました。
仕切りの厚さは考えないものとして、次の問いに答えなさい。

図２

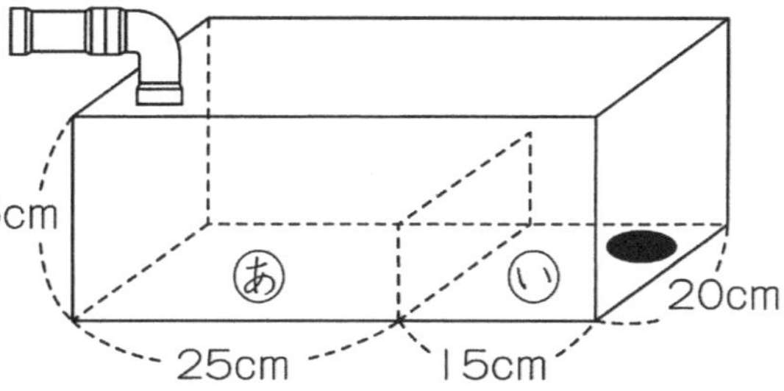

（3） 空《から》の容器に水を入れ始めてから２分たったときに、仕切りのいちばん上まで水が入りました。
この仕切りの高さは、何 cm ですか。

（4） （3）の状態からそのまま水を入れ続けると、その２分後に(い)の面も仕切りのいちばん上まで水が入りました。この穴からは、毎分何Ｌの水が出ていることが分かりますか。

（5） この容器は水を入れ始めてから何分何秒後に、いっぱいになりますか。

6　１辺が 4cm の正方形の紙があります。

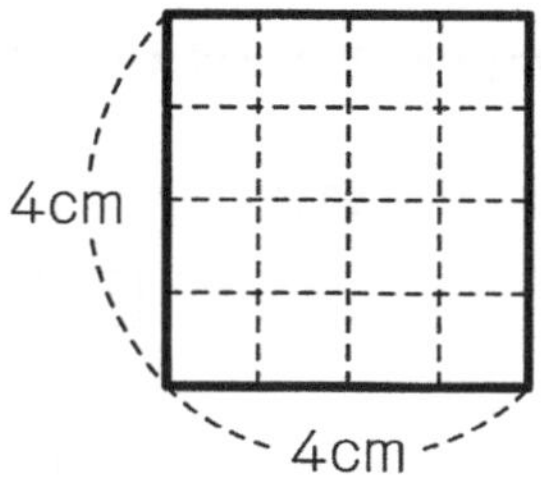

（１）　正方形の紙を、図のように３回折っていきます。

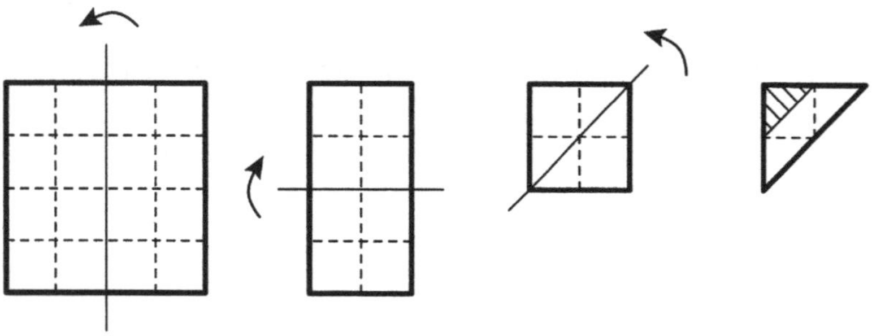

①　部分の面積は、何 cm² ですか。

②　部分を切り落としたあと、紙を開きます。

切り取られた部分をでぬり、残った部分の形がわかるようにかきなさい。

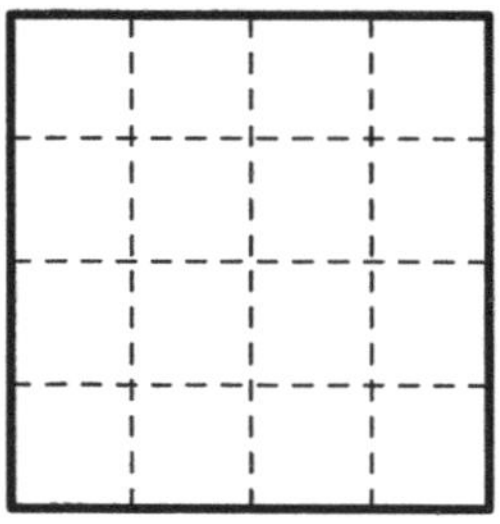

（2）　正方形の紙を、図のように２回折っていき、部分を切り落として紙を開きます。
開いたときにできる図形の面積は何 cm^2 ですか。円周率を 3.14 として答えなさい。

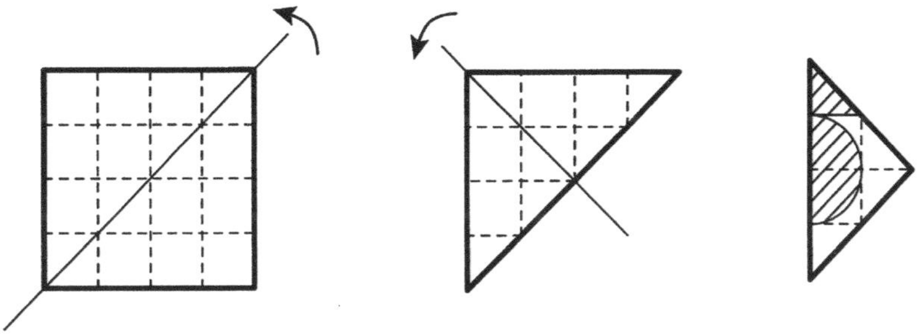

（3）　（1）で残った部分を㋐、（2）で残った部分を㋑とします。
２枚の紙㋐、㋑を、１辺が 4cm の正方形の台紙にぴったり収まるように重ねます。
㋐、㋑が重なっている部分の面積は、何 cm^2 ですか。円周率を 3.14 として答えなさい。

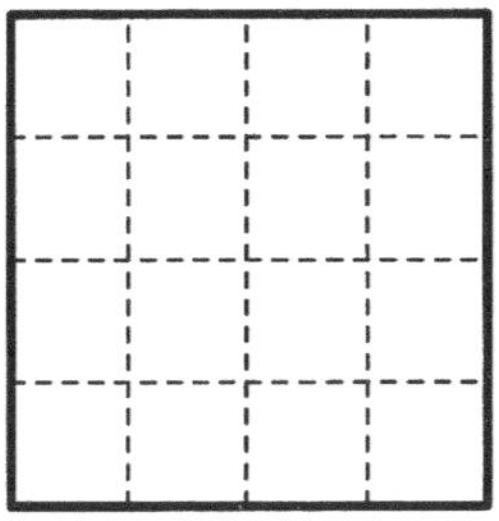

令和４年度 入学試験問題

英　　語

九州国際大学付属中学校

【注意事項】

1　開始合図のチャイムが鳴るまで、この問題用紙の中を見てはいけません。

2　開始合図のチャイムが鳴ったら、最初に解答用紙と問題用紙に受験番号・氏名を書きなさい。

3　開始合図のチャイムが鳴り終わるとリスニング問題が放送されます。放送の指示にしたがって問題を解きなさい。

4　試験時間は20分です。

5　解答はすべて、問題の指示にしたがって解答用紙に記入しなさい。

6　問題用紙で、印刷がはっきりしないところがあったら、静かに手をあげなさい。

7　答案ができあがっても、終了合図のチャイムが鳴るまで静かに着席していなさい。

受験番号				氏名	

※音声は収録しておりません

※ 1 はリスニング問題です。2～5 は筆記問題です。

1 次の問いに答えなさい。

問１ (1)～(4)の問いについて、それぞれ**ア**～**ウ**の３つの英文が流れます。絵の内容を最もよく表しているものを、**ア**～**ウ**の中から１つ選び、記号で答えなさい。放送は２回流れます。

(1) 何時ですか。

(2) リカは何をしていますか。

(3) カズヤは何をしていますか。

(4) コウタはどこにいますか。

問2　(1)～(6)の問いについて、英文や対話が流れます。それぞれの問いの答えとして最もふさわしいものを、**ア**～**エ**の中から１つ選び、記号で答えなさい。放送は２回流れます。

(1)　レイコの好きな色は、何色ですか。

ア　赤色　　**イ**　青色　　**ウ**　緑色　　**エ**　黄色

(2)　木曜日の天気予報はどれですか。

ア

イ

ウ

エ

(3)　女の子が買ったものはどれですか。

ア

イ

ウ

エ

(4)　男の子が③の時間にすることはどれですか。

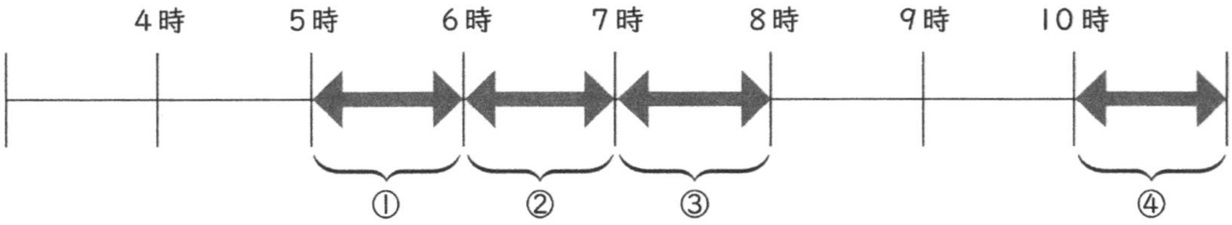

ア

イ

ウ

エ

（5） ボブとエミリーの対話について、①・②の組み合わせとして正しいものはどれですか。

	① エミリーがもらったプレゼント	② ボブの誕生日
ア	ケーキ	7月
イ	花	7月
ウ	ケーキ	8月
エ	花	8月

（6） ケンとエマの対話について、①・②の組み合わせとして正しいものはどれですか。

	① エマの母親の職業	② エマの妹が帰宅する時間
ア	先生	6時
イ	医者	6時
ウ	先生	7時
エ	医者	7時

問2	（2） Weather news.　It will be sunny on Monday and Tuesday.　But it will be cloudy on Wednesday.　And it will be rainy on Thursday and Friday. （3） Girl：Excuse me. Clerk：Sure.　What do you want? Girl：My mother loves fruits.　So, do you have bananas? Clerk：Sorry, we don't have bananas.　How about apples? Girl：Good. （4） I get home at four.　At five, I go to the park and play baseball.　After that, I do my homework in my room.　I eat dinner at seven.　I take a bath and go to bed at ten. （5） Bob：Hi, Emily.　Happy birthday!　This is a present for you. Emily：Oh, Bob.　Today, July 20th is my birthday.　Thank you for your nice flowers.　When is your birthday? Bob：My birthday is August 3rd. （6） Emma：I have a father, mother, and sister.　My father is a science teacher.　My mother is a doctor.　They are very busy. Ken：Emma, what time does your sister come home? Emma：At six. これで、問2は終わりです。

説明	リスニングテストはこれで終わりです。 引き続き、筆記テストを解きなさい。

2 次の絵を正しい英語で表します。□にあてはまるアルファベットを小文字で書きなさい。

問1 bas□etball

問2 □raser

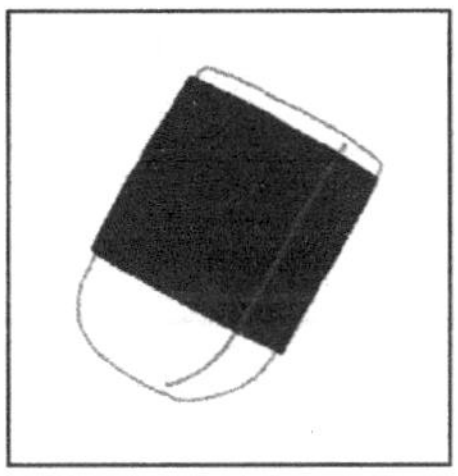

問3 fis□

問4 sprin□

問5 r□bbit

3 例）にならって正しい英文を完成させます。（　　）の中に入る単語を英語で書きなさい。

問1

例） January is the first month of the year.

（　　　　　　） is the third month of the year.

問2

例） Monday comes after Sunday.

（　　　　　　） comes after Thursday.

4　次の質問に対して、（　　　）に入るのにふさわしくない単語を、［　　　］の中から１つ選び、英語で書きなさい。

質問：Where do you go on Sundays?

答え：I go to the (　　　　　　　　).

library	happy	zoo	museum

5　次の英文は、「将来の夢」について書かれたものです。これを読んであとの問いに答えなさい。

> I (　ア　) to be an English teacher.
>
> I (　イ　) English very much.
>
> So I (　ウ　) English books every day.
>
> What do you want to be?

問１　（　ア　）～（　ウ　）には、read, want, like のいずれかが１つずつ入ります。（　イ　）に入るのはどれですか。英語で書きなさい。

問２　下線部の質問について、あなたならどのように答えますか。日本語の文で書きなさい。

※音声は収録しておりません

2022　英語　入試　リスニング問題　スクリプト

説明	これから、英語リスニング問題を始めます。問題冊子の１ページ目を開きなさい。放送中にメモを取っても構いません。

問１	問１。（１）から（４）の問いについて、それぞれア、イ、ウの３つの英文が流れます。絵の内容を最もよく表しているものを、ア、イ、ウの中から１つ選び、記号で答えなさい。放送は２回読まれます。 （１） ア It's nine fifteen. イ It's nine ten. ウ It's nine twenty. （２） ア Rika is playing tennis. イ Rika is playing basketball. ウ Rika is playing soccer. （３） ア Kazuya is having an orange. イ Kazuya is drinking coffee. ウ Kazuya is studying math. （４） ア Kota is on the desk. イ Kota is near the desk. ウ Kota is under the desk. これで、問１は終わりです。

問２	問２。これから、（１）から（６）問いについて、英文や対話が流れます。それぞれの問いの答えとして最もふさわしいものを、ア、イ、ウ、エの中から１つ選び、記号で答えなさい。放送は２回読まれます。 （１） Tony : Reiko, what color do you like? Reiko : I like red. Tony, what color do you like? Tony : I like yellow.

2022(R4) 九州国際大学付属中
K 教英出版

令和４年度 入学試験問題

算　　数

九州国際大学付属中学校

【注意事項】

1　開始合図のチャイムが鳴るまで、この問題用紙の中を見てはいけません。

2　開始合図のチャイムが鳴ったら、最初に解答用紙と問題用紙に受験番号・氏名を書きなさい。

3　試験時間は50分です。

4　解答はすべて、問題の指示にしたがって解答用紙に記入しなさい。

5　問題用紙で、印刷がはっきりしないところがあったら、静かに手をあげなさい。

6　答案ができあがっても、終了合図のチャイムが鳴るまで静かに着席していなさい。

白紙のページは計算に使ってください。

受験番号				氏名	

1 次の（1）～（6）は $\square$ にあてはまる数を、（7）～（10）はそれぞれの問いに答えなさい。

（1） $\frac{2}{3}\times\square\times\frac{2}{5}=8$

（2） $5\times\left(\frac{1}{2}-\square\right)=1$

（3） $18\div\square\div0.6=40$

（4） $15\times16\times12=48\times\square$

（5） $26+6\times\square=104$

（6） $2:7=18:\square$

（7） 右の平行四辺形ABCDの面積は、96cm^{2}です。
底辺をBCとしたときの高さは、何cmですか。

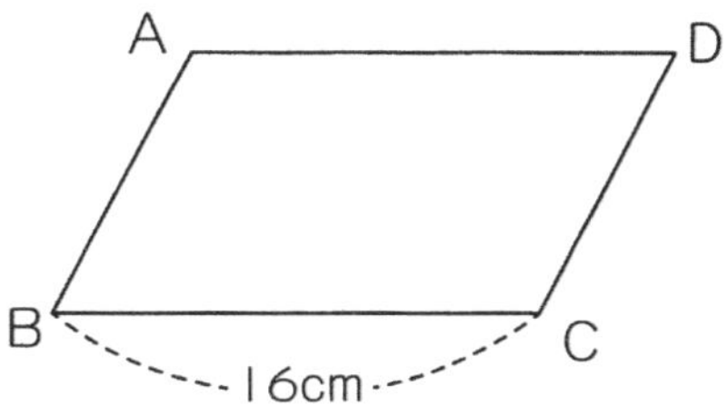

（8） 右の図の部分の面積は、何cm^{2}ですか。
円周率を3.14として答えなさい。

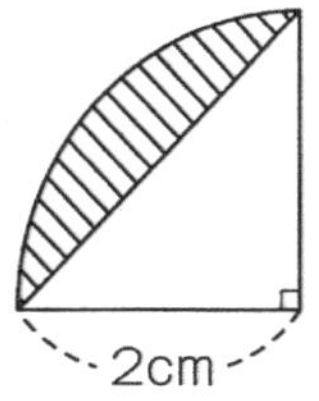

（9） 右の三角柱の体積は、288cm^{3}です。
xの値はいくらですか。

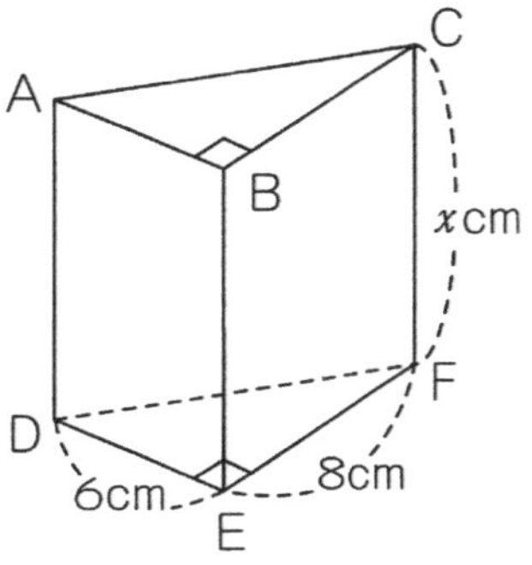

（10） 右の図は、正三角形と正方形を組み合わせた図形です。
角㋐の大きさは何度ですか。

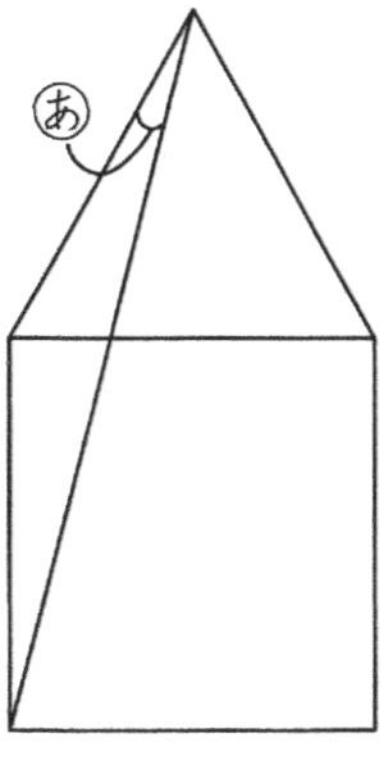

2 次の問いに答えなさい。

（1） 1kgの定価が250円の小麦粉が12%値上げされました。
1kgの定価はいくらになりましたか。

（2） 花だんに花を植えるために、球こんを買いに行きました。1個120円のチューリップの球こんと、1個180円のすいせんの球こんを合わせて23個買うと、代金は3240円になりました。チューリップとすいせんの球こんはそれぞれ何個買いましたか。

（3） 同じような重さのみかんが30個あります。その中から5個をとり出して重さをはかると、次のようになりました。また、この5個のみかんの重さの平均は78gでした。

75g　80g　76g　㋐g　77g

① ㋐にあてはまる数を答えなさい。

② みかん30個の重さは、およそ何gになると考えられますか。

（4） 80個のりんごを、小さな箱と大きな箱に分けて入れます。大きな箱に入れるりんごの数は、小さな箱に入れるりんごの数の4倍です。このとき、大きな箱には何個のりんごを入れますか。

(5)　ある町には、博物館と美術館があります。この町の学校のあるクラスの子ども 35 人に、博物館と美術館に行ったことがあるかたずねました。博物館に行ったことがあると答えた子どもは 23 人、美術館に行ったことがあると答えた子どもは 19 人でした。また、どちらにも行ったことがないと答えた子どもが 1 人いました。

このとき、博物館と美術館の両方に行ったことがあると答えた子どもは何人いましたか。

(6)　国子さんは、同じクラスの 25 人から 1 か月に読んだ本の冊数を聞きとり、そのちらばりのようすを、下のようなドットプロットに表しました。

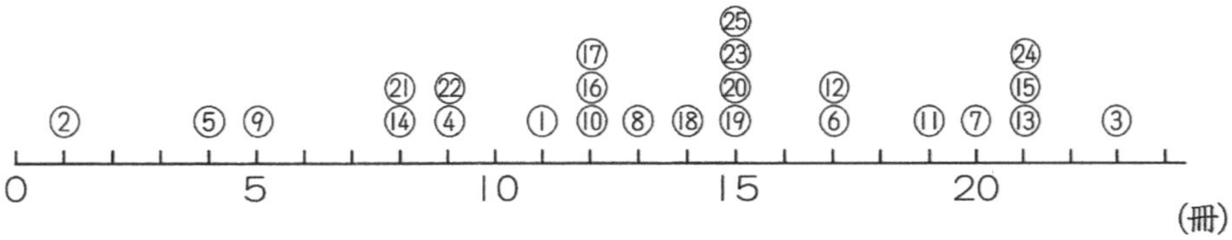

①　中央値は、何冊ですか。

②　ちらばりのようすを、度数分布表に表しなさい。

読んだ本の冊数

冊　数(冊)	人数(人)
0以上～ 3未満	
3 ～ 6	
6 ～ 9	
9 ～12	
12 ～15	
15 ～18	
18 ～21	
21 ～24	
合　計	25

3 兄と弟の２人は、おこづかいをためて、おじいちゃんとおばあちゃんにプレゼントをすることにしました。兄はおそろいの茶わんを、弟は花束を買って、２人に渡すことにしました。

１か月分のおこづかいは、兄は1500円、弟は兄の$\frac{4}{5}$倍です。

（１） 兄は、軽くて割れにくい素材で、おじいちゃんとおばあちゃんが使いやすそうな大小そろいの茶わんを見つけました。大きい茶わんの値段は、兄の１か月分のおこづかいの0.75倍です。また、小さい茶わんの値段は、弟の１か月分のおこづかいより150円安くなっています。

兄は、その２つの茶わんを１つの箱に入れてもらい、プレゼント用に包んでもらいました。包み紙代は無料でしたが、箱代が50円かかりました。

① 大きい茶わん、小さい茶わんの値段は、それぞれいくらですか。

② 兄が「おじいちゃんたちへのプレゼントにします。」と言ったところ、お店の人が、代金を20%安くしてくれました。このとき、兄が支払った金額はいくらですか。

（２） 弟は、兄のおこづかいの１か月分を持って、花束を買いに行きました。ところが、おばあちゃんの好きな花を多く入れてもらったので、予算を500円超えてしまいました。弟が「おばあちゃんにプレゼントします。」と言うと、お店の人が代金を安くしてくれました。結局、弟は自分の１か月分のおこづかいちょうどの金額で花束を買うことができました。

お店の人は、花束の代金を何%安くしてくれましたか。

問2　地球上の水は、ずっと同じ場所にとどまっているわけではなく、**図1**のように流れたり、土の中に浸《し》みこんだり、空気中に出て行ったりと、じゅんかんしています。

図1

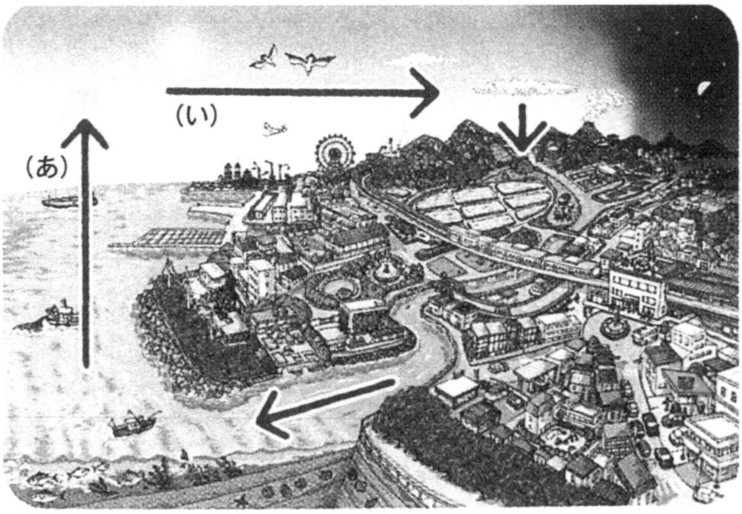

（1）　校庭に雨が降ったあと、地面に水たまりができました。雨水はどのように流れ、どのようなところに水たまりができますか。次の**ア**～**エ**の中から１つ選び、記号で答えなさい。

ア　雨水は低い場所から高い場所へ流れ、土の粒《つぶ》が大きい場所に水たまりができる。
イ　雨水は低い場所から高い場所へ流れ、土の粒が小さい場所に水たまりができる。
ウ　雨水は高い場所から低い場所へ流れ、土の粒が大きい場所に水たまりができる。
エ　雨水は高い場所から低い場所へ流れ、土の粒が小さい場所に水たまりができる。

（2）　**図1**の**(あ)**の矢印は、水面や地面などから、水が目に見えない姿に変わって、空気中に出ていく流れを表しています。その様子は、**図2**のように容器にラップフィルムでふたをしたり、地面に容器でふたをしたりすると、ふたの表面に水滴《てき》がつくことからわかります。

図2

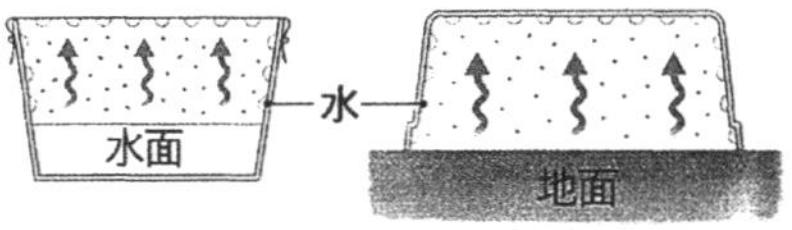

①　水が目に見えない姿に変わったものを何といいますか。漢字３文字で答えなさい。

②　水が空気中に出ていくことを何といいますか。漢字２文字で答えなさい。

（3）　（2）で姿を変えた水は、**図1**の**(あ)**・**(い)**の矢印のような移動をします。次の文はこの移動について説明したものです。（①）・（②）にあてはまる言葉を答えなさい。

「姿を変えた水は、空気中を上空まで移動して（①）になり、（②）によって運ばれていきます。」

4 つり合いについて、次の問いに答えなさい。

問１ 実験用てこについて、九太郎くんは、うでが水平になってつり合うときの条件を調べました。なお、実験で使うおもりの重さはすべて同じです。

＜実験１＞ **図１**のように、３個のおもりをてこの左うでのめもり「２」のところにつるします。そして、右うでのいろいろなめもりのところに、おもりの個数を変えながらつるしていきます。[結果１] は、両方のうでが水平になってつり合った場合を記録したものです。

図１

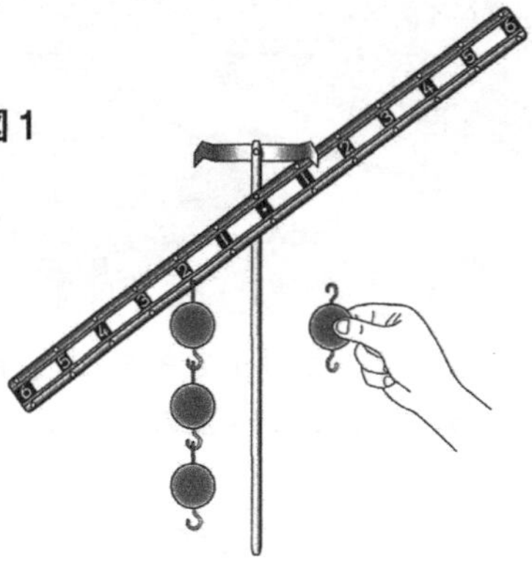

[結果１]

	左うで	右うで					
めもりの位置	2	1	2	3	4	5	6
おもりの数	3	6	3	2	×	×	1

＜実験２＞ ４個のおもりを左うでのめもり「３」のところにつるして、＜実験１＞と同じように調べます。

[結果２]

	左うで	右うで					
めもりの位置	3	1	2	3	4	5	6
おもりの数	4	12	6	4	3	×	2

（１） 下の表は、６個のおもりを左うでのめもり「４」のところにつるしたときの実験の結果です。②、③にあてはまる数を答えなさい。つり合わないときは×を書きなさい。

	左うで	右うで					
めもりの数	4	1	2	3	4	5	6
おもり数	6	①	②	③	④	⑤	⑥

問2　九太郎くんは、つり合いを利用した道具について調べたところ、下のような資料を見つけました。

> －重さをはかる昔の道具－
>
> 江戸時代から昭和の初めのころ、重さをはかる道具に「さおばかり」というものを利用していました。ひもに通した棒の一方の端《はし》にはかりたい物をつるし、もう一方の側《がわ》におもりをつけ、おもりの位置を左右に動かして水平につり合うようにします。水平につり合ったときの、ひもからおもりまでの長さから物のおもさをはかるという道具です。
>
> 

これを見た九太郎くんは、皿と100gのおもりを用意し、長さ100cmの棒に10cm間隔《かく》でめもりをつけて「さおばかり」を作りました。

(1)　下の図は、九太郎くんが作った「さおばかり」です。おもりをめもり「2」のところにつるすと、「さおばかり」は水平になってつり合いました。皿の重さは何gですか。ただし、棒とひもの重さは考えないこととします。

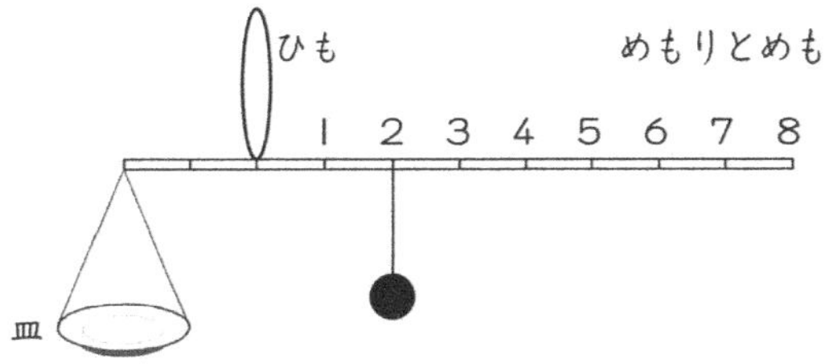

めもりとめもりの間は10cmとする。

(2)　皿の上に100gのバナナを1本のせたとき、おもりをどのめもりにつるすと、「さおばかり」は水平になってつり合いますか。めもりの番号を答えなさい。

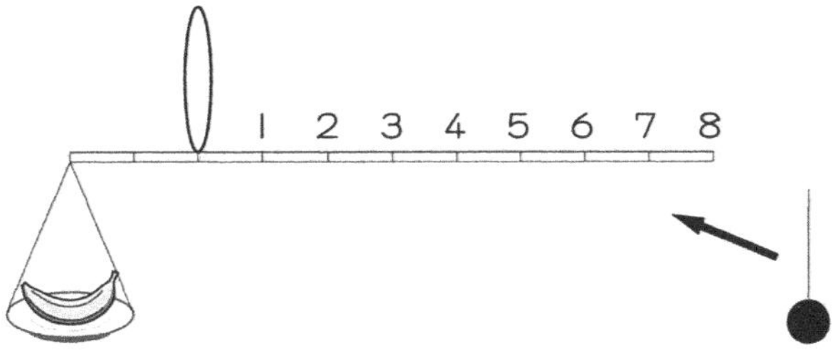

（3） 皿の上にりんごを1個のせたとき、おもりをめもり「7」のところにつるすと、「さおばかり」は水平になってつり合いました。このりんごの重さは何ｇですか。

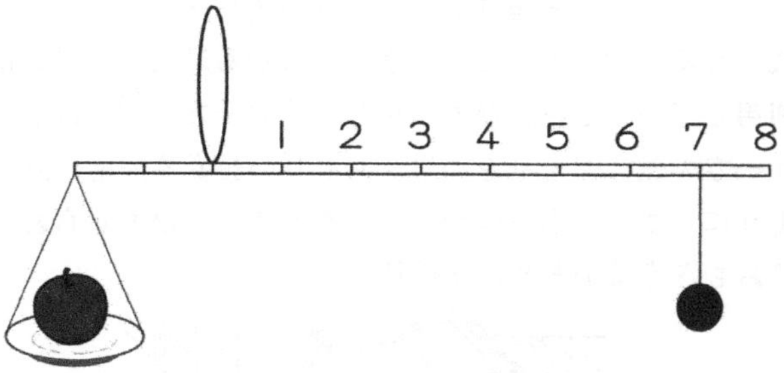

令和４年度　入学試験問題

社　　会

九州国際大学付属中学校

【注意事項】

1　開始合図のチャイムが鳴るまで、この問題用紙の中を見てはいけません。

2　開始合図のチャイムが鳴ったら、最初に解答用紙と問題用紙に受験番号・氏名を書きなさい。

3　試験時間は30分です。

4　解答はすべて、問題の指示にしたがって解答用紙に記入しなさい。

5　問題用紙で、印刷がはっきりしないところがあったら、静かに手をあげなさい。

6　答案ができあがっても、終了合図のチャイムが鳴るまで静かに着席していなさい。

受験番号				氏名	

1　次の問いに答えなさい。

問１　次の地図を見て、日本の地理に関する問いに答えなさい。

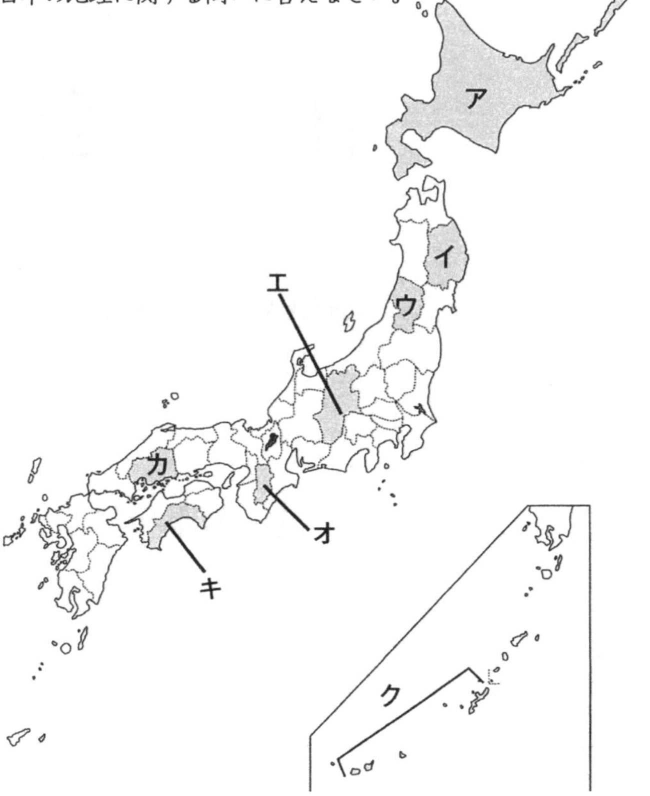

(浜島書店の地図より作成)

（１）地図中の**ウ**の県名を答えなさい。

（２）地図中の**ア～ク**のうち、都道府県の名前と都道府県庁所在地の名前が異なるものを、**すべて**選び、記号で答えなさい。

（３）次のグラフは２０１８年のぶどうとレタスの生産量を都道府県別に表したものです。２つのグラフの**Ａ**には同じ都道府県があてはまります。その都道府県を、地図中の**ア～ク**から選び、記号で答えなさい。

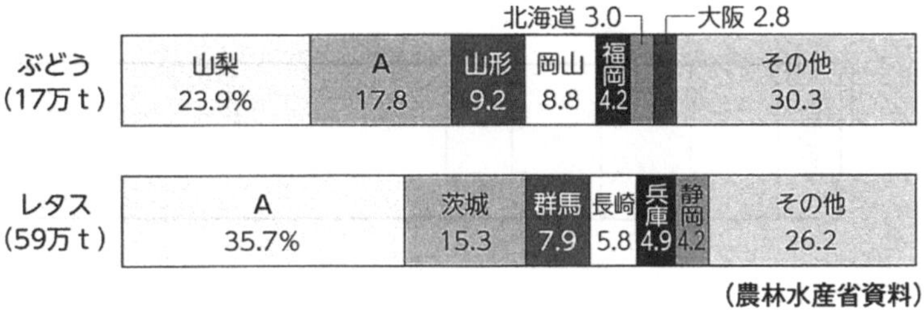

(農林水産省資料)

問2　日本の気候・農業・漁業について、あとの問いに答えなさい。

(1) 次の４つのグラフのうち、米の生産がさかんな新潟県の都市の気温と降水量を表したものはどれですか。**ア～エ**から選び、記号で答えなさい。

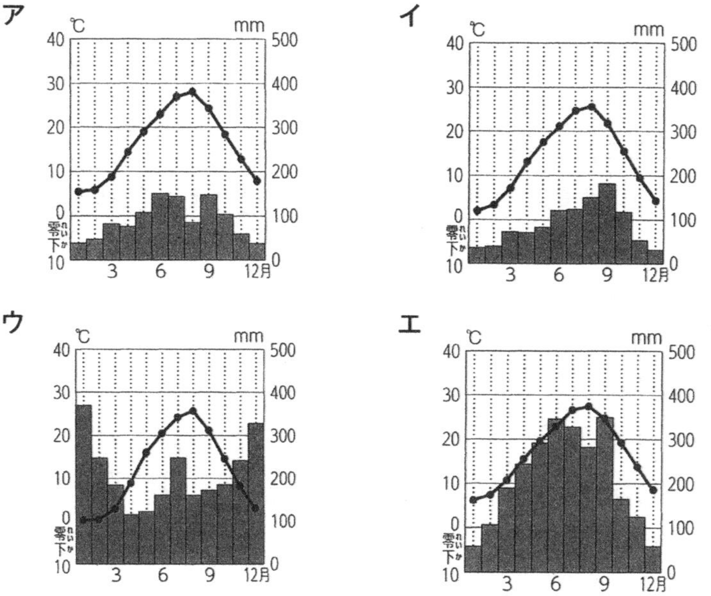

(気象庁)

(2) 右のグラフは、日本の米の作付《さくつけ》面積の変化を示したものです。次の**ア～エ**の中で、このグラフから読みとれる内容としてふさわしいものを選び、記号で答えなさい。

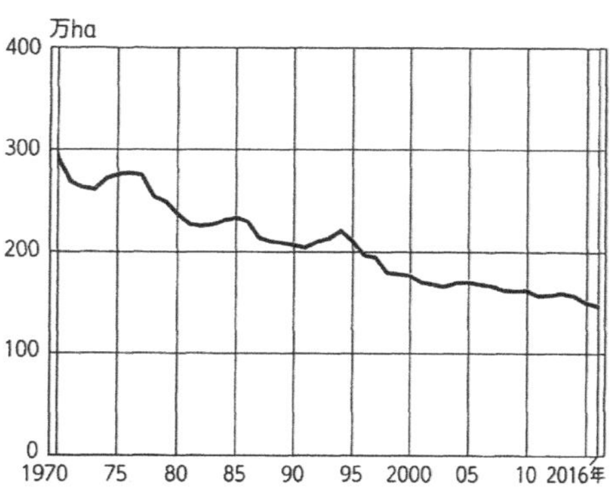

(農林水産省)

ア　１９７０年から２０１６年の間で、米の作付面積はほぼ２倍に増えている。

イ　１９７０年から２０１６年の間で、米の作付面積は毎年減っている。

ウ　１９７０年から２０１６年の間で、米の作付面積はおよそ２００万ha減っている。

エ　１９７０年から２０１６年の間で、米の作付面積がほぼ半分になっている。

(3) 日本近海でとれる魚の量が減ってきているため、持続可能な水産業をめざして、日本の水産業に関わる人々がいろいろな水産資源の管理に取り組んでいます。そのひとつとして「さいばい漁業」があります。次の**ア**～**エ**の中で、「さいばい漁業」について正しく説明しているものを選び、記号で答えなさい。

ア　魚のたまごから稚魚《ちぎょ》を育てて海に放流し、成長した魚をとること。
イ　魚のたまごから成魚になるまで育て、出荷すること。
ウ　遠くの海に魚をとりに行くこと。
エ　大きく育った魚を外国から買い、水そうに入れて市場で売ること。

問3　次の地図を見て、世界の地理に関する問いに答えなさい。

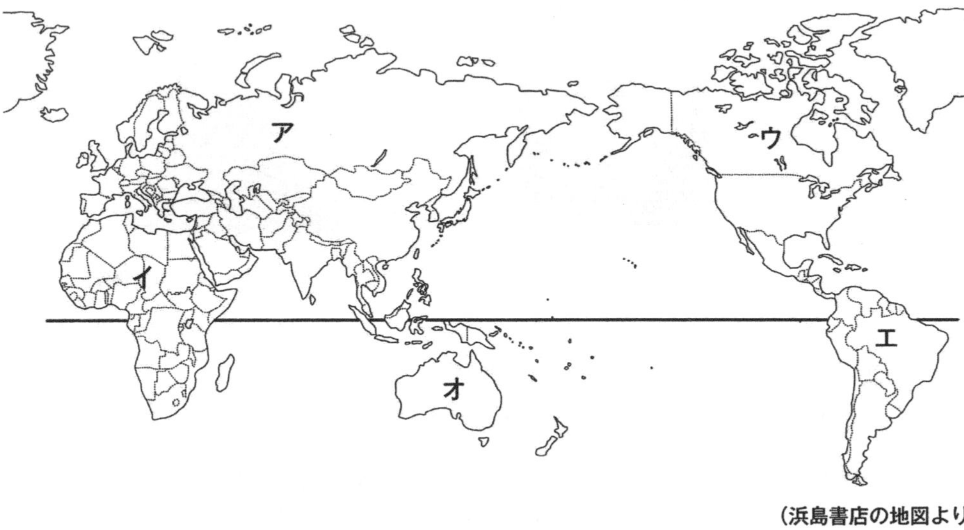

(浜島書店の地図より作成)

(1) 2024年のオリンピックの開催国《かいさいこく》であるフランスは、どの大陸にありますか。地図中の**ア**～**オ**から選び、記号で答えなさい。

(2) アメリカ合衆国の東に広がる海の名前を次の**ア**～**エ**から選び、記号で答えなさい。

ア　太平洋　　**イ**　大西洋　　**ウ**　東シナ海　　**エ**　オホーツク海

(3) 地図中の太い横線は、0度の緯線です。この線を一般的に何といいますか。**漢字2文字**で答えなさい。

2 次の年表を見て、あとの問いに答えなさい。

時　代	できごと
古　墳	各地に古墳がつくられた。……………………………………………… ①
飛　鳥	天皇中心の国づくりを目指した政治の改革が進められた。………………… ②
奈　良	710年に奈良に都がうつされた。…………………………………………… ③
平　安	日本独自の文化が生まれた。…………………………………………………… ④
鎌　倉	源氏の将軍がとだえたあと、朝廷が幕府をたおそうと兵をあげた。…… ⑤
室　町	足利義満が、中国との貿易を行って、たくさんの富をたくわえた。
戦国 安土桃山	豊臣秀吉が全国を統一した。………………………………………………… ⑥
江　戸	江戸時代が約260年間続いた。……………………………………………… ⑦
明　治 大　正	紙幣《しへい》の肖像《しょうぞう》に用いられている人物が活躍した。………………………… ⑧
昭　和	戦後に選挙権が拡大された。…………………………………………………… ⑨

問1　年表中の①について、世界遺産に登録されている大阪府堺市にある日本で最大の前方後円墳を、次の**ア**～**エ**から選び、記号で答えなさい。

ア　江田船山《えたふなやま》古墳　　**イ**　大仙《だいせん》古墳　　**ウ**　稲荷山《いなりやま》古墳　　**エ**　箸墓《はしはか》古墳

問2　年表中の②について、次の**ア**～**エ**の中から、飛鳥時代に行われた政治の改革の説明としてふさわしいものを選び、記号で答えなさい。

ア　聖徳太子は、家がらによって役人にとりたてるしくみとして、冠位《かんい》十二階をつくった。

イ　聖徳太子は、中国の進んだ政治のしくみや文化を取り入れようと、小野妹子らを遣唐使《けんとうし》として送った。

ウ　中大兄皇子は蘇我氏と協力して中臣鎌足をたおし、大化の改新を行った。

エ　大化の改新のあと、すべての土地と人民を天皇が治める政治のしくみが整えられた。

問3　年表中の③について、この都は、中国の長安にならってつくられました。この都の名前を答えなさい。

問4　年表中の④について、次の**ア～エ**の中から、この時代の文化についての説明としてふさわしいものを選び、記号で答えなさい。

ア　紫式部は、かな文字をつかって「源氏物語」という作品をつくった。
イ　清少納言は、かな文字をつかって人形浄《じょう》瑠《る》璃《り》の脚本を数多く残した。
ウ　天皇や貴族、農民、兵士などがよんだうたを集めた「万葉集」がつくられた。
エ　「五七五」の形式で気持ちや季節を表す和歌が貴族の間で流行した。

問5　年表中の⑤について、次の資料は、源頼朝の妻の北条政子が行った演説です。空らんにあてはまる語句を答えなさい。なお、空らんにはすべて同じ語句が入ります。

今はなき頼朝どのが平氏をほろぼして幕府を開いてから、あなたたちにあたえた［　　］は、山よりも高く、海よりも深いものである。その［　　］に報いようと思う者は、力を合わせて敵軍をうち、幕府を守りましょう。

問6　年表中の⑥について、次の**ア～エ**の中から、豊臣秀吉が行ったこととして**あやまっているもの**を選び、記号で答えなさい。

ア　大阪城を築いて政治の拠点とした。
イ　百姓から刀や鉄砲などの武器を取り上げた。
ウ　２度にわたって朝鮮に大軍を送った。
エ　安土城の城下町では、商人の自由な営業を認めた。

問7　年表中の⑦について、江戸時代について説明した文としてふさわしいものを、次の**ア～エ**から１つ選び、記号で答えなさい。

ア　徳川家康は、大名が領地と江戸を１年おきに行き来する参勤交代の制度を定めた。
イ　江戸幕府は、鎖国を行い、外国との貿易を全く行わなかった。
ウ　農村では、新田開発が行われたり、備中ぐわなどの新しい農具が普及したりしたことで生産が高まった。
エ　17世紀の中ごろ、江戸では大塩平八郎が、ききんで苦しむ人々を役人や商人が救おうとしないことに抗議《こうぎ》して兵をあげた。

令和4年度 入試解答用紙

国語

九州国際大学付属中学校

受験番号

氏名

得点

※100点満点（配点非公表）

一

問一 ⓐ ⓑ ⓒ ⓓ ⓔ

問二 X Y

問三 A B C D

問四 1 2 3

問五 (1) から。 (2)

問六

問七

問八

二

問一

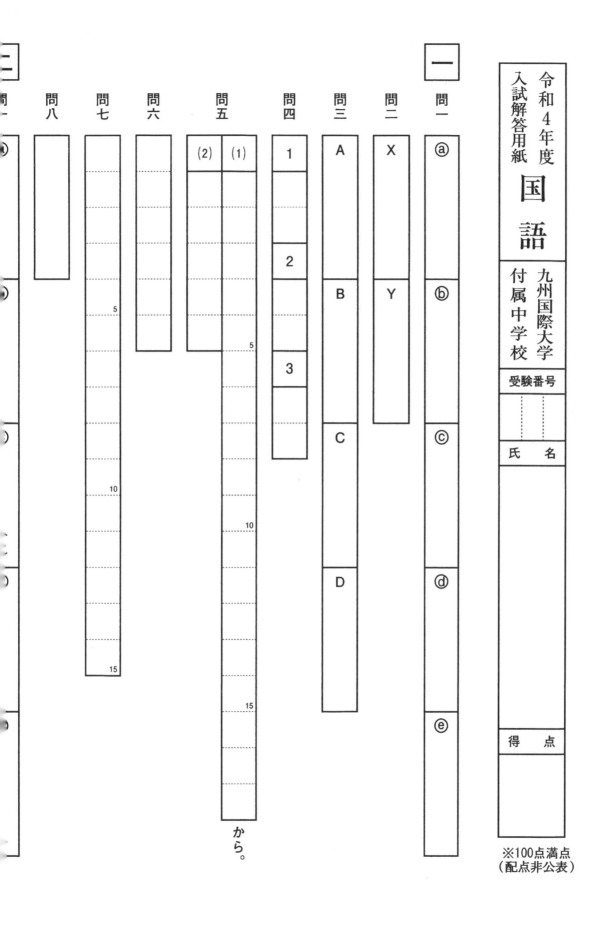

令和4年度 入試解答用紙

算数

九州国際大学付属中学校

受験番号		氏名	
得点			

※100点満点（配点非公表）

)	①	大きい茶わん　　円	小さい茶わん　　円
	②	円	
2)		%	

)	毎分　　m	(2)	分間
3)	分	(4)	m

)	cm	(2)	分後
3)	cm	(4)	毎分　　L
5)	分　　秒後		

)	①　　cm^2	②	
2)	cm^2		
3)	cm^2		

令和4年度
入試解答用紙

英語

九州国際大学
付属中学校

受験番号

氏名

得点

※20点満点
（配点非公表）

問1

問2

問1

問2

令和4年度 入試解答用紙 理科

九州国際大学付属中学校

受験番号	
氏名	
得点	

※50点満点
（配点非公表）

1	(1)		
	(2)	①	
		② 	(3) 北 ↓ 
2	(1)		
	(2)	①	②
	(3)	①	②

1	(1)	②	③	
2	(1)	g	(2)	
	(3)	g		

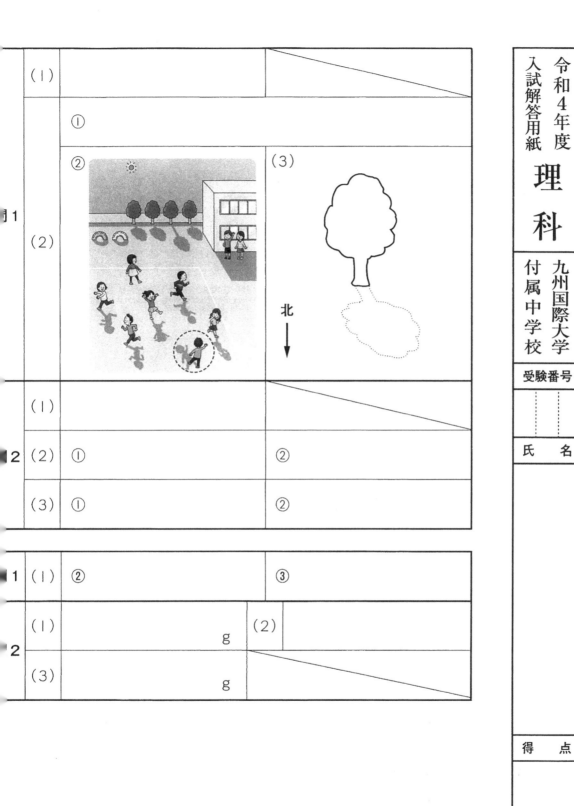

令和4年度
入試解答用紙
社会

九州国際大学付属中学校

受験番号

氏名

得点

※50点満点
（配点非公表）

問1		問2	
問3		問4	
問5		問6	
問7			
問8	（1）	（2）	
問9			

)

問1		問2	
問3			

3)

問1		問2	

1

問1	(1)	県
	(2)	
	(3)	
問2	(1)	
	(2)	
	(3)	
問3	(1)	
	(2)	
	(3)	

1

問1	(1)		(2)	(あ) → → →
	(3)		(4)	
	(5)			
問2	(1)	図		
	(2)	①	(あ)	(い) (う)
		②	(A)	(B)

2

問1	(1)		
	(2)	㋐	㋑
問2	(1)	ミョウバンの水よう液 g	食塩水 g
	(2)	g	
	(3)		

1

問1	(1)		(2)		(3)	
	(4)					
問2	(1)		(2)		(3)	
	(4)		(5)		(6)	

2

問1

問2

問3

問4

問5

1

(1)		(2)	
(3)		(4)	
(5)		(6)	
(7)	cm	(8)	cm^2
(9)		(10)	度

2

(1)	円			
(2)	チューリップ　　　個		すいせん　　　個	
(3)	①		②	およそ　　　g
(4)	個			
(5)	人			
(6)	①	冊	②	

読んだ本の冊数

冊　数(冊)	人数(人)
0以上～ 3未満	
3 ～ 6	
6 ～ 9	
9 ～12	
12 ～15	
15 ～18	
18 ～21	
21 ～24	
合　計	25

問三
A
B
C
D

問四
1
2

問五

問六
ビールが

問七
1
2
3
4

問八

三

問一
①
②
③

問二
①
②
③

問三
① 記号 漢字
② 記号 漢字
③ 記号 漢字
④ 記号 漢字

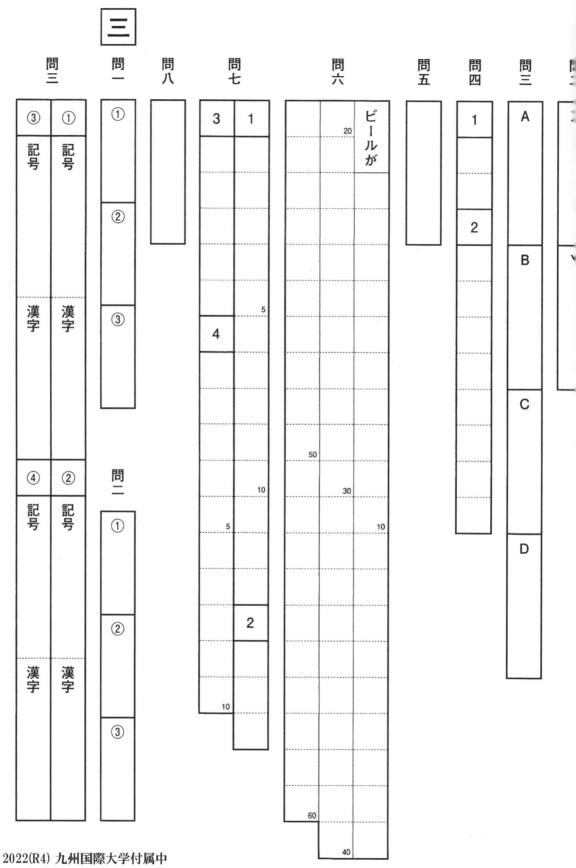

問8　年表中の⑧について、2024年度から使われる1万円札の肖像には渋沢栄一が使われます。

（1）渋沢栄一の肖像画（写真）として正しいものを、次の**ア〜エ**から選び、記号で答えなさい。

ア

イ

ウ

エ

（2）渋沢栄一の説明としてふさわしいものを、次の**ア〜エ**から選び、記号で答えなさい。

ア　私は、日本で最初の銀行のほか、500余りの会社の設立にたずさわり、日本の経済発展に力をつくしました。また、めぐまれない人々を助ける社会福祉事業にも熱心に取り組みました。

イ　私は、「学問のすゝめ」という本を書いて、ヒトは生まれながらにして平等であり、学問をすることで身を立てていくべきだと主張し、多くの人々に影響を与えました。

ウ　私は、アメリカの医学研究所の所員として南米やアフリカを訪れ、黄熱という原因不明の感染症《かんせんしょう》の調査・研究に取り組みましたが、ガーナで黄熱に感染し、死にました。

エ　私は、薩摩藩と長州藩を中心とした一部の者が政治を動かしていることを批判し、選挙にもとづく議会を開いて政治を行うべきだと主張する意見書を政府に提出しました。また、1881年に自由党をつくりました。

問9　年表中の⑨について、右のグラフから、1946年に選挙権をもつ人の割合が1928年と比べて大きくなっていることがわかります。その理由を説明しなさい。

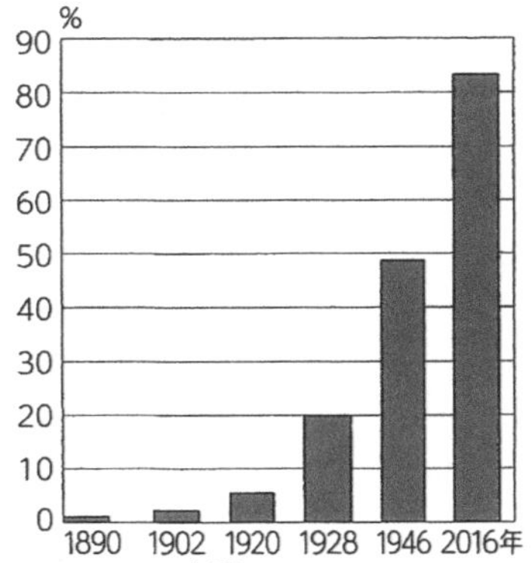

⊕ 選挙権の拡大《かくだい》（人口に対する割合）

3 次の問いに答えなさい。

(A) 次の図は、日本国憲法の三原則を表したものです。これを見て、あとの問いに答えなさい。

【図】

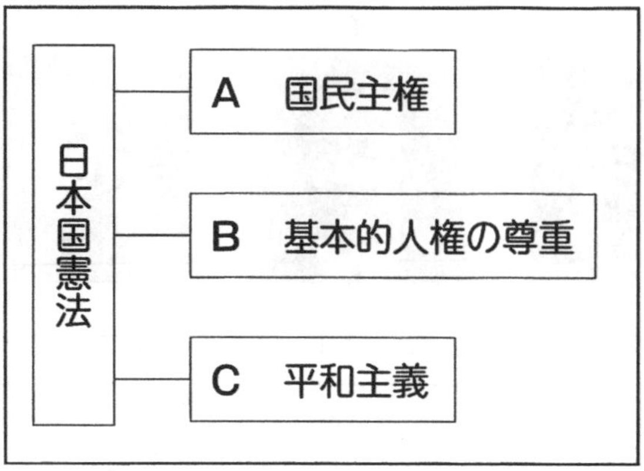

問1　日本国憲法では、**A**のように国民主権が定められ、国民には選挙権が認められています。次の**ア〜オ**の中で、現在、選挙権をもっている人を**すべて**選び、記号で答えなさい。

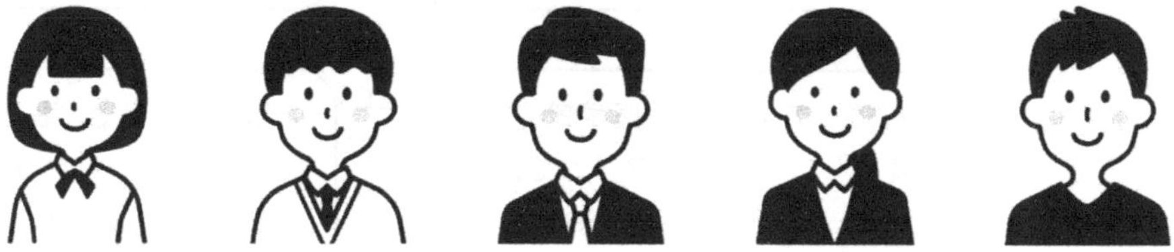

ア	イ	ウ	エ	オ
さくらさん 15さい	ひろとさん 16さい	ゆうきさん 17さい	あおいさん 18さい	ゆうまさん 19さい

問2　**B**の基本的人権の尊重に関して、このごろは次の資料のように、すべての人が使いやすいように工夫された容器が使われるようになりました。これは［　　　］デザインとよばれています。［　　　］にあてはまる語句を答えなさい。

【資料】

問3　Cの平和主義について、わが国では1954年に国の平和と独立を守ることを主な目的としてある組織がつくられました。この組織は、国の防衛・災害時の現地での救援や救助・国際協力などをおこなっています。この組織の名前を**漢字**で答えなさい。

(B) 日本の政治について、あとの問いに答えなさい。

問1　次の**ア**～**エ**の中から、選挙で選ばれた議員が集まって話し合い、法律や国の予算、条約の承認など政治の方針を決める重要な仕事を担当する機関を選び、記号で答えなさい。

ア　市役所　　**イ**　県庁　　**ウ**　内閣　　**エ**　国会

問2　日本の政治は、内閣のもとに、さまざまな府・省・庁などが置かれ仕事を分担しています。次の**ア**～**エ**の中から、「天気予報」を担当する機関を選び、記号で答えなさい。

ア　環境省　　**イ**　防衛省　　**ウ**　国土交通省　　**エ**　文部科学省

2022(R4) 九州国際大学付属中
K 教英出版